U0101030

分布式对象存储

——原理、架构及Go语言实现

胡世杰 著

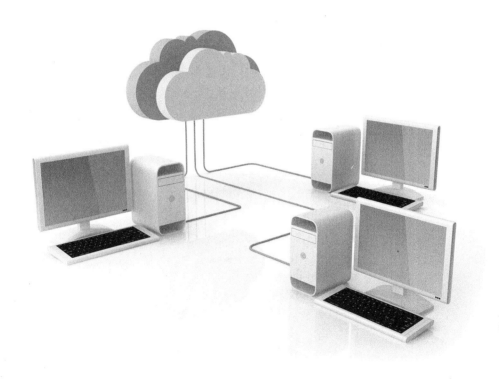

人民邮电出版社

北 京

图书在版编目（CIP）数据

分布式对象存储：原理、架构及Go语言实现 / 胡世
杰著. -- 北京：人民邮电出版社，2018.6
ISBN 978-7-115-48055-2

Ⅰ．①分… Ⅱ．①胡… Ⅲ．①数字信息－存储 Ⅳ.
①G202

中国版本图书馆CIP数据核字(2018)第073119号

内 容 提 要

本书从云存储的需求出发讲述对象存储的原理，循序渐进地建立起一个分布式对象存储的架构，并且将软件实现出来。全书共 8 章，分别涉及对象存储简介、可扩展的分布式系统、元数据服务、数据校验和去重、数据冗余和即时修复、断点续传、数据压缩和数据维护等。本书选择用来实现分布式对象存储软件的编程语言是当前流行的 Go 语言。

本书适合从事云存储方面工作的工程师或架构师，也适合想要学习和实现分布式对象存储的读者。

◆ 著　　　　胡世杰
　　责任编辑　陈冀康
　　责任印制　焦志炜

◆ 人民邮电出版社出版发行　　北京市丰台区成寿寺路 11 号
　　邮编　100164　　电子邮件　315@ptpress.com.cn
　　网址　http://www.ptpress.com.cn
　　固安县铭成印刷有限公司印刷

◆ 开本：800×1000　1/16
　　印张：13.5
　　字数：268 千字　　　　　　　　2018 年 6 月第 1 版
　　印数：1 – 2 400 册　　　　　　2018 年 6 月河北第 1 次印刷

定价：59.00 元
读者服务热线：(010) 81055410　印装质量热线：(010) 81055316
反盗版热线：(010) 81055315
广告经营许可证：京东工商广登字 20170147 号

前言

本书写作目的

早在几年前，云存储还只是存在于业界大佬们口中的一个概念，其应用场景仅供大公司使用。突飞猛进的网络技术似乎在一瞬间就把这个概念普及到千家万户，现在云存储已经是大家司空见惯的一个网络服务了。比如大家用的百度云盘、已经成为实质上的业界标准的亚马逊 S3、微软的 OneDrive、苹果公司的 iCloud 和谷歌的 Google Cloud 等。

现在市面上和云存储相关的图书本来就不多，而专门讲述对象存储实现的书就更是难得一见，且内容大多以 OpenStack、Swift 和 Ceph 这些已经较为成熟的开源软件的架构和实现为例。读者一开始就知道怎么做，然后解释为什么要这么做。

本书则另辟蹊径，完全从云存储的需求出发讲述对象存储的原理，循序渐进、从无到有地建立起一个分布式对象存储的架构，并且将软件实现出来。换句话说，本书首先介绍为什么要这么做，然后解释怎么做。

本书选择用来实现分布式对象存储软件的编程语言是 Go，但并不是非它不可的。读者也可以在了解对象存储的原理之后选用其他的语言来实现。

在读完本书之后，每一位读者都将对对象存储服务这一概念有一个较为深入的理解，部分读者甚至能够实现自己的对象存储服务。

对象存储和云存储的关系

对象存储是云存储的一部分，它提供了云存储后端的存储服务。云存储是建立在对象存储之上的一个整体的解决方案，除了后端的存储服务之外，它还需要包括各种操作系统和平台上运行的客户端、身份认证、多种管理和监控功能等。

本书主要集中在对象存储的原理架构和实现上，对云存储其他组件也会有一定的介绍，但不会是本书的主要内容。

分布式存储的好处

传统的高端服务器性能强劲、成本高昂，以前只有大公司用来搭建自己的私有存储。互联网生态下的云存储则用数量弥补质量，以大量低成本的普通 PC 服务器组成网络集群来提供服务。相比传统的高端服务器来说，同样价格下分布式存储提供的服务更好、性价比更高，且新节点的扩展以及坏旧节点的替换更为方便。

本书的目标读者

如果你是云存储方面的学者、工程师或架构师，那么本书适合你。

如果你是一位对云存储感兴趣的人或者是云存储的用户，那么光凭看这本书你可能无法实现一个自己的对象存储服务，但是在读完本书之后，你依然能够学到很多相关的知识。

对 Go 语言和 HTTP/REST 协议的了解可以帮助你实现并执行本书中的代码，但这不是必需的。本书对每一段代码都会有详细的解释来帮助读者了解其内容。即使对语言和协议一无所知的读者也能了解代码的含义和执行效果。

如果你是一位对云存储比较熟悉的读者，你可能已经了解对象存储服务的架构以及一些常见问题的成因，但这也不是阅读本书所必需的条件。本书会以提出问题并解决问题的方式介绍对象存储服务的架构设计。即便是对对象存储一窍不通的读者也可以在这个过程中亲眼见证对象存储服务的架构是如何一步步丰满起来的。

本书的主要内容

第 1 章，我们提出了一个单机版的对象存储原型系统，介绍了最简单的对象 REST 接口。

第 2 章，我们将这个原型系统进行了扩展，将它分拆成接口服务和数据服务，使得这些服务可以互相独立地提供服务功能，让我们的系统得以自由扩展。

第 3 章，我们又往系统中加入了元数据服务，用于保存描述对象的元数据，包括对象的名字、版本、大小、散列值等。有了元数据服务，我们就可以使得对象的名字和对象的内容解耦合。

第 4 章，我们实现对象数据的校验和去重，使得名字不同但内容相同的对象可以共享同一份存储实体，这样做可以降低对存储空间的要求。

第 5 章，为了增强数据的可靠性，我们提出了数据冗余的概念并实现了 RS 纠删码。我们在对象数据存取的过程中以流的形式进行编解码，可以在一定程度上修正对象数据的损坏。

第 6 章，为了战胜现实世界不良的网络环境，我们实现了断点续传。客户端在下载对象时自由指定下载数据的偏移量，也可以通过特殊的接口以分批的方式上传对象的数据。

第 7 章，我们介绍数据压缩。在大多数情况下，数据压缩都应该在客户端实现。但如果你需要设计一个通过浏览器就可以使用的对象存储系统，且你的大多数对象的数据都适合进行压缩，那么可以参考我们在本章实现的 gzip 数据压缩，进一步降低对存储空间和下载带宽的要求。

第 8 章，我们讨论了对象存储系统的数据维护，并实现了 3 个工具，它们可用于清理过期的对象数据和元数据，检查和修复当期的数据。

本书没有涉及的范畴

我们没有实现一个专门的客户端来配合对象存储系统，只是在部分章节中提到一个配套的客户端可以起到的作用。本书使用 Linux 下的 curl 命令作为我们的客户端进行功能测试，可以帮助我们更好地了解客户端和服务端之间发生的交互行为。但是一个美观 UI 的专门的客户端对用户来说会更加友好。

我们没有涉及用户管理，虽然用户管理是云存储系统的一个基本组成部分，但是这部分和其他系统的用户管理没什么区别，一个用户信息数据库就可以满足大多数要求，有兴趣的用户可以自行查阅相关书籍。

我们没有提到信息安全方面的内容，本书为了方便起见，使用的通信协议都是HTTP，而事实上一个云存储系统对外一定是使用 HTTPS 协议，服务端和客户端之间需要建立 SSL 的双向认证。除此之外，用户合法身份的授权和验证等功能通常都会有一个专门的身份认证系统来进行管理，而服务端客户端则可以通过 JWT 和身份认证系统打交道。

我们没有实现对象存储系统的监控。系统监控包括对日志的实时收集和分析，对系统KPI 的收集和可视化等。我们在这里推荐的做法是使用 Logstash 收集和分析系统日志和KPI，记录在 ElasticSearch 中并用 Kibana 进行可视化。这些功能不涉及 Go 语言实现，而是通过各种工具的配置来进行。本书不展开讨论。

如何下载和运行本书中的代码

本书的代码使用 Go 语言实现，使用的 Go 编译器的版本是 1.8.1，开发和运行环境是 Ubuntu 16.04。

本书中所有 Go 语言代码实现都可以在 github 上找到，在 Linux 环境可以用 git 命令下载：

```
git clone https://github.com/stuarthu/go-implement-your-object-storage.git
```

github.com 是一个在线的软件项目管理仓库，Ubuntu 下的 git 客户端可以用 apt-get 下载安装：

```
sudo apt-get install git
```

编译 Go 代码需要运行 Go 编译器，读者可以在 Go 语言官网下载最新的 Go 编译器。

作者简介

胡世杰，上海交通大学硕士，目前任七牛云技术专家，是私有云存储服务的负责人。他是分布式对象存储系统专家，在该领域拥有多年的架构、开发和部署经验，精通 C/C++/Perl/Python/Ruby/Go 等多种编程语言，熟悉 ElasticSearch/RabbitMQ 等开源软件。

除了自己写作，他还致力于技术书籍的翻译，是《JavaScript 面向对象精要》《Python 和 HDF5 大数据应用》《Python 高性能编程》等著作的译者。

致谢

感谢我的妻子黄静和岳父黄雪春在我写书的日子里对我的支持，让我能够没有后顾之忧地写作。感谢人民邮电出版社的陈冀康编辑在本书写作和出版过程中的大力协助，感谢好友高博启发了我自己写作的念头，以及对本书推广所做的一切工作。

资源与支持

本书由异步社区出品，社区（https://www.epubit.com/）为您提供相关资源和后续服务。

配套资源

本书提供如下资源：

- 本书所有示例源代码；
- 本书作者针对书中内容的配套视频讲解。

读者请通过本书封底的刮刮卡观看。也可通过异步社区"课程"频道订阅。

要获得以上配套资源，请在异步社区本书页面中点击 配套资源 ，跳转到下载界面，按提示进行操作即可。注意：为保证购书读者的权益，该操作会给出相关提示，要求输入提取码进行验证。

提交勘误

作者和编辑尽最大努力来确保书中内容的准确性，但难免会存在疏漏。欢迎您将发现的问题反馈给我们，帮助我们提升图书的质量。

当您发现错误时，请登录异步社区，按书名搜索，进入本书页面，点击"提交勘误"，输入勘误信息，点击"提交"按钮即可。本书的作者和编辑会对您提交的勘误进行审核，确认并接受后，您将获赠异步社区的 100 积分。积分可用于在异步社区兑换优惠券、样书或奖品。

扫码关注本书

扫描下方二维码,您将会在异步社区微信服务号中看到本书信息及相关的服务提示。

与我们联系

我们的联系邮箱是 contact@epubit.com.cn。

如果您对本书有任何疑问或建议,请您发邮件给我们,并请在邮件标题中注明本书书名,以便我们更高效地做出反馈。

如果您有兴趣出版图书、录制教学视频,或者参与图书翻译、技术审校等工作,可以发邮件给我们;有意出版图书的作者也可以到异步社区在线提交投稿(直接访问www.epubit.com/selfpublish/submission 即可)。

如果您是学校、培训机构或企业,想批量购买本书或异步社区出版的其他图书,也可以发邮件给我们。

如果您在网上发现有针对异步社区出品图书的各种形式的盗版行为,包括对图书全部或部分内容的非授权传播,请您将怀疑有侵权行为的链接发邮件给我们。您的这一举动是对作者权益的保护,也是我们持续为您提供有价值的内容的动力之源。

关于异步社区和异步图书

"异步社区"是人民邮电出版社旗下 IT 专业图书社区,致力于出版精品 IT 技术图书和相关学习产品,为作译者提供优质出版服务。异步社区创办于 2015 年 8 月,提供大量精品IT 技术图书和电子书,以及高品质技术文章和视频课程。更多详情请访问异步社区官网https://www.epubit.com。

"异步图书"是由异步社区编辑团队策划出版的精品 IT 专业图书的品牌,依托于人民邮电出版社近 30 年的计算机图书出版积累和专业编辑团队,相关图书在封面上印有异步图书的 LOGO。异步图书的出版领域包括软件开发、大数据、AI、测试、前端、网络技术等。

异步社区

微信服务号

目录

分布式对象存储

第 1 章

■■ 第 1 章 ■■

对象存储简介

『 1.1 和传统网络存储的区别 』

要理解对象存储，我们首先要来谈谈传统的网络存储。传统的网络存储主要有两类，分别是 NAS 和 SAN。

NAS 是 Network Attached Storage 的简称，是一个提供了存储功能和文件系统的网络服务器。客户端可以访问 NAS 上的文件系统，还可以上传和下载文件。NAS 客户端和服务端之间使用的协议有 SMB、NFS 以及 AFS 等网络文件系统协议。对于客户端来说，NAS 就是一个网络上的文件服务器。

SAN 是 Storage Area Network 的简称。它和 NAS 的区别是 SAN 只提供了块存储，而把文件系统的抽象交给客户端来管理。SAN 的客户端和服务端之间的协议有 Fibre Channel、iSCSI、ATA over Ethernet（AoE）和 HyperSCSI。对于客户端来说，SAN 就是一块磁盘，可以对其格式化、创建文件系统并挂载。

NAS 和 SAN 并不是完全对立的，现代的网络存储通常都是两者混合使用，可以同时提供文件级别的协议和块级别的协议。

介绍完传统的网络存储，那么对象存储跟它们又有什么区别呢？首先是对数据的管理方式不同。

1.1.1 数据的管理方式

对于网络文件系统来说，数据是以一个个文件的形式来管理的；对于块存储来说，数据是以数据块的形式来管理的，每个数据块有它自己的地址，但是没有额外的背景信息；对象存储则是以对象的方式来管理数据的，一个对象通常包含了 3 个部分：对象的数据、对象的元数据以及一个全局唯一的标识符（即对象的 ID）。

对象的数据就是该对象中存储的数据本身。一个对象可以用来保存大量无结构的数据，比如一首歌、一张照片或是一个在线文档。

对象的元数据是对象的描述信息，为了和对象的数据本身区分开来，我们称其为元数据。比如某首歌的歌名、某张照片拍摄的时间、某个文档的大小等都属于描述信息，也就是元数据。对于对象的元数据，我们在第 3 章会详细介绍，这里不多展开。

对象的标识符用于引用该对象。和对象的名字不同，标识符具有全局唯一性。名字不具有这个特性，例如张三家的猫名字叫阿黄，李四家的狗名字也可以叫阿黄，名字为阿黄的对象可以有很多个。但若是用标识符来引用就只可能有一个。通常我们会用对象的散列值来做其标识符，关于散列值的详细介绍见第 3 章。

除了对数据的管理方式不同以外，对象存储跟网络存储访问数据的方式也不同。

1.1.2 访问数据的方式

网络文件系统的客户端通过 NFS 等网络协议访问某个远程服务器上存储的文件。块存储的客户端通过数据块的地址访问 SAN 上的数据块。对象存储则通过 REST 网络服务访问对象。

REST 是 Representational State Transfer 的简称。REST 网络服务通过标准 HTTP 服务对网络资源提供一套预先定义的无状态操作。在万维网刚兴起的时候，网络资源被定义为可以通过 URL 访问的文档或文件。现如今对于它的定义已经更为宽泛和抽象：网络上一切可以通过任何方式被标识、命名、引用或处理的东西都是一种网络资源。

对于对象存储来说，对象当然就是一种网络资源，但除了对象本身以外，我们也需要提供一些其他的网络资源用来访问对象存储的各种功能，本书后续会一一介绍。

客户端向 REST 网络服务发起请求并接收响应，以确认网络资源发生了某种变化。HTTP 预定义的请求方法（Request Method）通常包括且不限于 GET、POST、PUT、DELETE 等，它们分别对应不同的处理方式：GET 方法在 REST 标准中通常用来获取某个网络资源；PUT 通常用于创建或替换某个网络资源（注意，它跟 PUT 的区别是 POST 一般不同于替换网络资源，如果该资源已经存在，POST 通常会返回一个错误而不是覆盖它）；POST 通常用于创建某个网络资源，DELETE 通常用于删除某个网络资源。

我们会在本书的后续章节看到对象存储的接口是如何使用这些 HTTP 请求方法的。

1.1.3　对象存储的优势

对象存储首先提升了存储系统的扩展性。当一个存储系统中保存的数据越来越多时，存储系统也需要同步扩展，然而由于存储架构的硬性限制，传统网络存储系统的管理开销会呈指数上升。而对象存储架构的扩展只需要添加新的存储节点就可以。

对象存储的另一大优势在于以更低的代价提供了数据冗余的能力。在分布式对象存储系统中一个或多个节点失效的情况下，对象依然可用，且大多数情况下客户都不会意识到有节点出了问题。传统网络存储对于数据冗余通常采用的方式是保留多个副本（一般至少 3 份，这样当其中一个副本出了错，我们还能用少数服从多数的方式解决争议），而对象存储的冗余效率则更高。我们会在第 5 章讨论数据冗余的问题。

本章将要实现的是一个单机版的对象存储原型，目的是让读者对我们讨论的对象存储有一个直观的了解。一个单机版的服务程序还称不上分布式服务，但是我们可以借此了解对象存储的接口，也就是说我们将了解客户端是如何通过 REST 接口上传和下载一个对象的，以及这个对象又是以什么样的形式被保存在服务器端的。从下一章开始，我们还将不断丰富架构和功能来适应各种新的需求。

『 1.2 单机版对象存储的架构 』

在一台服务器上运行了一个 HTTP 服务提供的 REST 接口，该服务通过访问本地磁盘来进行对象的存取，见图 1-1。

图 1-1　单机版对象存储的架构

1.2.1 REST 接口

单机版的 REST 接口极其简单，只实现了对象的 PUT 和 GET 方法。

```
PUT /objects/<object_name>
```
请求正文（Request Body）

客户端通过 PUT 方法将一个对象上传至服务器，服务器则将该对象保存在本地磁盘上。

这里/objects/<object_name>是标识该对象网络资源的 URL。URL 是 Uniform Resource Locator 的简称，也就是一个网络地址，用于引用某个网络资源在网络上的位置。

在对象存储中，通常使用 PUT 方法来上传一个对象。

```
GET /objects/<object_name>
```
响应正文（Response Body）

客户端通过 GET 方法从服务器上下载一个对象，服务器在本地磁盘上查找并读取该对象，如果该对象不存在，则服务器返回 HTTP 错误代码 404 Not Found。

在对象存储中，总是使用 GET 方法来下载一个对象。

1.2.2　对象 PUT 流程

我们可以用一张简单的图来概括 PUT 流程，见图 1-2。

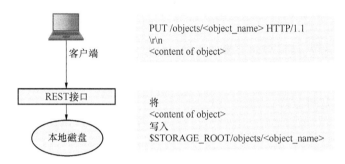

图 1-2　单机版对象 PUT 流程

客户端的 PUT 请求提供了对象的名字<object_name>和对象的数据<content of object>，它们最终被保存在本地磁盘上的文件 $STORAGE_ROOT/objects/<object_name> 中。$STORAGE_ROOT 环境变量保存着我们在本地磁盘上的存储根目录的名字。

1.2.3　对象 GET 流程

对象 GET 流程见图 1-3。

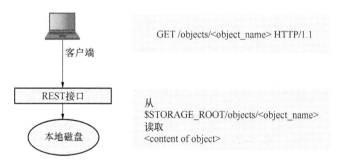

图 1-3　单机版对象 GET 流程

客户端的 GET 请求提供了<object_name>，我们的服务进程从本地磁盘上的文件

$STORAGE_ROOT/objects/<object_name>中读取对象并将其写入 HTTP 响应正文。

流程介绍完了，接下来让我们去看一下如何用 Go 语言实现这样一个服务。

『 1.3 Go 语言实现 』

首先让我们来看一下 main 函数的实现。和大多数语言一样，Go 语言也有一个 main 函数作为系统的入口点。在 main 函数中我们需要做的只是注册一个 HTTP 处理函数并开始监听端口，见例 1-1。

例 1-1 main 函数

```
func main() {
        http.HandleFunc("/objects/", objects.Handler)
        log.Fatal(http.ListenAndServe(os.Getenv("LISTEN_ADDRESS"), nil))
}
```

http.HandleFunc 的作用是注册 HTTP 处理函数 objects.Handler，如果有客户端访问本机的 HTTP 服务且 URL 以 "/objects/" 开头，那么该请求将由 objects.Handler 负责处理。除此以外的 HTTP 请求会默认返回 HTTP 错误代码 404 Not Found。

处理函数注册成功后，我们调用 http.ListenAndServe 正式开始监听端口，该端口由系统环境变量 LISTEN_ADDRESS 定义。正常情况下该函数永远不会返回，程序运行后会始终监听端口上的请求，除非我们发送信号中断进程。非正常情况下，该函数会将错误返回，此时 log.Fatal 会打印错误的信息并退出程序。

objects.Handler 函数属于 objects 包，该包一共有 3 个函数，除了 Handler 以外还有 put 和 get 函数。在 Go 语言中，某个变量或函数名的首字母大写，则意味着该变量或函数可在包外部被引用；如果是首字母小写，则意味着该变量或函数名仅可在包内部被引用。Handler 函数的首字母 H 大写就表明该函数可以在 objects 包外部被调用（被 main 包的 main 函数调用），而 put 和 get 函数则仅在 objects 包内部可见。Handler 函数见例 1-2。

例 1-2　objects.Handler 函数

```
func Handler(w http.ResponseWriter, r *http.Request) {
        m := r.Method
        if m == http.MethodPut {
                put(w, r)
                return
        }
        if m == http.MethodGet {
                get(w, r)
                return
        }
        w.WriteHeader(http.StatusMethodNotAllowed)
}
```

Handler 有两个参数。w 的类型是 http.ResponseWriter，用于写入 HTTP 的响应。它的 WriteHeader 方法用于写 HTTP 响应的错误代码，它的 Write 方法则用于写 HTTP 响应的正文。r 的类型是 *http.Request，是一个指向 http.Request 结构体的指针，代表当前处理的 HTTP 的请求。它的 Method 成员变量记录了该 HTTP 请求的方法。

Handler 函数会首先检查 HTTP 请求的方法：如果是 PUT，则调用 put 函数；如果是 GET，则调用 get 函数；两者皆否，则返回 HTTP 错误代码 405 Method Not Allowed。

put 函数负责处理 HTTP 的 PUT 请求，将 PUT 上来的对象存储在本地硬盘上，见例 1-3。

例 1-3　objects.put 函数

```
func put(w http.ResponseWriter, r *http.Request) {
        f, e := os.Create(os.Getenv("STORAGE_ROOT") + "/objects/" +
                strings.Split(r.URL.EscapedPath(), "/")[2])
        if e != nil {
                log.Println(e)
                w.WriteHeader(http.StatusInternalServerError)
                return
        }
        defer f.Close()
```

```
        io.Copy(f, r.Body)
    }
```

put 函数首先获取 URL 中<object_name>的部分，r.URL 成员变量记录了 HTTP 请求的 URL，它的 EscapedPath 方法用于获取经过转义以后的路径部分，该路径的形式是 /objects/<object_name>。

strings.Split 函数的功能是用分隔符将一个字符串分割成多个字符串，它有两个输入变量，第一个输入变量是需要分割的字符串，第二个输入变量则是分隔符，分割后的结果以字符串的数组形式返回。在这里，strings.Split 会将我们的 URL 路径拆分成 3 个字符串，分别是 " " " objects " 和<object_name>。所以数组的第三个元素就是 <object_name>。

然后我们会调用 os.Create 在本地文件系统的根存储目录的 objects 子目录下创建一个同名文件 f（根存储目录由系统环境变量 STORAGE_ROOT 定义。除了 objects 子目录以外，还有一些其他的子目录，我们还会在后续章节看到它们的用处）。如果创建失败则返回 HTTP 错误代码 500；如果创建成功则将 r.Body 用 io.Copy 写入文件 f。io.Copy 接收两个参数，第一个参数是用于写入的 io.Writer，在这里我们的文件 f 就是一个 io.Writer，任何写入 f 的数据都会被写入 f 所代表的文件；io.Copy 接收的第二个参数则是一个用于读取的 io.Reader，在这里就是 r.Body。http.Request 的 Body 成员变量是一个 io.Reader，用来读取 HTTP 请求的正文内容。

这里需要提醒一点：我们的实现代码默认用户提供的 URL 的<object_name>部分不能包含 "/"，如果包含，则 "/" 后的部分将被丢弃。真实生产环境中的代码需要对用户的所有输入都进行严格的校验，如果用户输入的 URL 不符合我们的预期，则服务器必须返回一个错误的信息，而不是忽略。

细心的读者看到这里可能要问：那如果我的对象名字里就需要有一个 "/" 怎么办呢？别担心，任何对象名字在被放入 URL 之前都需要在客户端进行 URL 编码。在编码时，一些不适合放入 URL 的字符会被转义。比如说用户有一个对象名字是 "C:/中文目录/a\b&c.txt"，编码后的名字是 "C%3A%2F%E4%B8%AD%E6%96%87%E7%9B%

AE%E5%BD%95%2Fa%5Cb%26c.txt"，其中的"/"被转义成"%2F"。然后客户端会
以"/objects/ C%3A%2F%E4%B8%AD%E6%96%87%E7%9B%AE%E5%BD%95%2Fa%
5Cb%26c.txt"作为 HTTP 请求的 URL 访问我们的服务。我们在获取 URL 时使用的
r.URL.EscapedPath 方法得到的就是这个字符串。

get 函数负责处理 HTTP 的 GET 请求，从本地硬盘上读取内容并将其作为 HTTP
的响应输出，见例 1-4。

例 1-4　objects.get 函数

```go
func get(w http.ResponseWriter, r *http.Request) {
        f, e := os.Open(os.Getenv("STORAGE_ROOT") + "/objects/" +
                strings.Split(r.URL.EscapedPath(), "/")[2])
        if e != nil {
                log.Println(e)
                w.WriteHeader(http.StatusNotFound)
                return
        }
        defer f.Close()
        io.Copy(w, f)
}
```

和 put 函数类似，get 函数首先获取<object_name>并调用 os.Open 尝试打开本地文
件系统根存储目录 objects 子目录中的同名文件 f，如果打开失败，则返回 HTTP 错误
代码 404；如果打开成功，则用 io.Copy 将 f 的内容写入 w，此时 f 作为读取内容的
io.Reader，而 w 则作为写入的 io.Writer。

你可能会觉得诧异，刚才我们介绍 put 的时候还说 f 是一个 io.Writer，现在怎么又
变成了 io.Reader？事实上 f 本身的类型是*os.File，一个指向 os.File 结构体的指针。
os.File 这个结构体同时实现了 io.Writer 和 io.Reader 这两个接口（Go 语言中称为
interface）。在 Go 语言中，实现接口只需要实现该接口所要求的全部方法，io.Write 接
口只要求实现一个 Write 方法，而 io.Read 接口则只要求实现一个 Read 方法。os.File
同时实现了 Write 和 Read 方法，于是它既是一个 io.Writer 也是一个 io.Reader。

http.ResponseWriter 也是一个接口，这个接口除了实现了 WriteHeader 方法以外也实现了 Write 方法，所以它也是一个 io.Write 接口。

Go 语言的实现介绍完了，接下来我们需要把程序运行起来，并进行功能测试来验证我们的实现。

『 1.4　功能测试 』

我们需要先运行服务器程序。

```
$ LISTEN_ADDRESS=:12345 STORAGE_ROOT=/tmp go run server.go
```

别忘了在存储根目录/tmp 下创建相应的 objects 子目录。

```
mkdir /tmp/objects
```

接下来我们用 curl 命令作为客户端来访问服务器，试图 GET 一个名为 test 的对象。

```
$ curl -v 10.29.102.172:12345/objects/test
* About to connect() to 10.29.102.172 port 12345 (#0)
*   Trying 10.29.102.172... connected
> GET /objects/test HTTP/1.1
>   User-Agent:  curl/7.22.0  (x86_64-pc-linux-gnu)  libcurl/7.22.0
OpenSSL/1.0.1 zlib/1.2.3.4 libidn/1.23 librtmp/2.3
> Host: 10.29.102.172:12345
> Accept: */*
>
< HTTP/1.1 404 Not Found
< Date: Mon, 26 Jun 2017 14:08:10 GMT
< Content-Length: 0
< Content-Type: text/plain; charset=utf-8
<
* Connection #0 to host 10.29.102.172 left intact
```

```
* Closing connection #0
```

很好，服务器给出了预期的 404 错误，因为我们还从来没有 PUT 过一个叫 test 的对象。

那么，接下来我们 PUT 一个 test 对象。

```
$ curl -v 10.29.102.172:12345/objects/test -XPUT -d"this is a test object"
* About to connect() to 10.29.102.172 port 12345 (#0)
*   Trying 10.29.102.172... connected
> PUT /objects/test HTTP/1.1
> User-Agent:  curl/7.22.0  (x86_64-pc-linux-gnu)  libcurl/7.22.0
OpenSSL/1.0.1 zlib/1.2.3.4 libidn/1.23 librtmp/2.3
> Host: 10.29.102.172:12345
> Accept: */*
> Content-Length: 21
> Content-Type: application/x-www-form-urlencoded
>
* upload completely sent off: 21out of 21 bytes
< HTTP/1.1 200 OK
< Date: Mon, 26 Jun 2017 14:10:34 GMT
< Content-Length: 0
< Content-Type: text/plain; charset=utf-8
<
* Connection #0 to host 10.29.102.172 left intact
* Closing connection #0
```

我们用 curl 命令 PUT 了一个名为 test 的对象，该对象的内容为 "this is a test object"。服务器返回 "200 OK" 表示 PUT 成功。接下来让我们再次 GET 这个 test 对象。

```
$ curl -v 10.29.102.172:12345/objects/test
* About to connect() to 10.29.102.172 port 12345 (#0)
*   Trying 10.29.102.172... connected
> GET /objects/test HTTP/1.1
```

```
> User-Agent: curl/7.22.0 (x86_64-pc-linux-gnu) libcurl/7.22.0 OpenSSL/
1.0.1 zlib/1.2.3.4 libidn/1.23 librtmp/2.3
> Host: 10.29.102.172:12345
> Accept: */*
>
< HTTP/1.1 200 OK
< Date: Mon, 26 Jun 2017 14:12:44 GMT
< Content-Type: text/plain; charset=utf-8
< Transfer-Encoding: chunked
<
* Connection #0 to host 10.29.102.172 left intact
* Closing connection #0
this is a test object
```

太棒了！我们成功获取了之前 PUT 上去的那个对象的内容。

『 1.5 小结 』

我们在本章实现了一个单机版的对象存储服务，它提供了对象的 PUT 和 GET 方法。当客户端以 PUT 方法访问我们的服务时，客户端会提供对象的名字和内容，我们的服务就可以把对象的内容以文件的形式存储在服务器的本地磁盘上；当客户端以 GET 方法访问我们的服务时，我们就可以从服务器的本地磁盘上读取文件的内容并将其作为 HTTP 的响应输出。

这样一个单机的对象存储服务离我们最终要实现的版本还很远，它只是一个热身，让我们熟悉一下使用的方式。我们最终的目标是要实现一个云版本的对象存储。那么，相比一个云版本的对象存储来说，目前的单机版最大的问题是什么呢？

答案是可扩展性！

分布式对象存储服务必须是可扩展的，当现有的服务器集群无法满足容量、吞吐量、时延等性能指标时，我们必须能够轻易扩展现有的服务器集群。在单机版的架构中，接口和数据存储被紧紧耦合在一起，服务器只能访问本地磁盘。当一台服务器无法满足日益增长的 HTTP 客户端请求数量时，我们将无法通过加入一个新的服务器来扩展集群，因为新的服务器无法访问旧服务器的磁盘。

在下一章，我们会把接口和数据存储解耦合，分离成专门的接口服务和数据服务。接口服务器可以自由访问任何一台数据服务器。当 HTTP 请求增长时，我们可以加入新的接口服务器，保持数据服务器不变。而当数据存储渐满或磁盘 IO 负载过高时，我们可以加入新的数据服务器，保持接口服务器不变。

分布式对象存储

第 2 章

第 2 章

可扩展的分布式系统

『 2.1 什么是分布式系统 』

一个分布式系统要求各节点分布在网络上，并通过消息传递来合作完成一个共同目标。分布式系统的三大关键特征是：节点之间并发工作，没有全局锁以及某个节点上发生的错误不影响其他节点。

分布式系统的好处在于可扩展性，只需要加入新的节点就可以自由扩展集群的性能。

在上一章，我们提出了一个单机版的对象存储原型，它的接口和数据存储是被紧密耦合在一起的。这样的系统不是分布式，也无法扩展。

本章要做的就是解开这个耦合，让接口和数据存储成为互相独立的服务节点，两者互相合作提供对象存储服务。一旦接口和数据存储分离，我们就可以往集群中随意添加新的接口服务节点或数据服务节点。而且，更值得注意的是，这些节点可以在同一台服务器上共存，也可以分布在不同服务器上，也就是说，我们的架构真正摆脱了对单一服务器的依赖，成为一个分布式服务集群。

〖 2.2 接口和数据存储分离的架构 〗

如图 2-1 所示，接口服务层提供了对外的 REST 接口，而数据服务层则提供数据的存储功能。接口服务处理客户端的请求，然后向数据服务存取对象，数据服务处理来自接口服务的请求并在本地磁盘上存取对象。

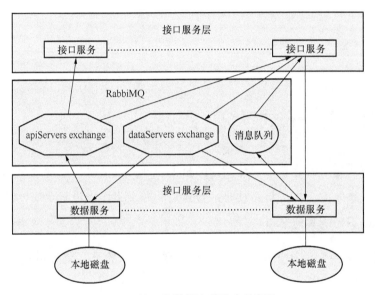

图 2-1 接口和数据存储分离的架构

接口服务和数据服务之间的接口有两种，第一种接口实现对象的存取。和上一个版本一样，对象的存取使用 REST 接口。也就是说数据服务本身也提供 REST 接口，此时，接口服务节点作为 HTTP 客户端向数据服务请求对象。

第二种接口通过 RabbitMQ 消息队列进行通信。关于 RabbitMQ 消息队列的详细介绍请参见其官网。在我们的架构中对 RabbitMQ 的使用分为两种模式，一种模式是向某个 exchange 进行一对多的消息群发，另一种模式则是向某个消息队列进行一对一的消息单发。

每一个数据服务节点都需要向所有的接口服务节点通知自身的存在，为此，我们创建了一个名为 apiServers 的 exchange,每一台数据服务节点都会持续向这个 exchange 发送心跳消息。所有的接口服务节点在启动以后都会创建一个消息队列来绑定这个 exchange,任何发往这个 exchange 的消息都会被转发给绑定它的所有消息队列,也就是说每一个接口服务节点都会接收到任意一台数据服务节点的心跳消息。

另外,接口服务需要在收到对象 GET 请求时定位该对象被保存在哪个数据服务节点上,所以我们还需要创建一个名为 dataServers 的 exchange。所有的数据服务节点绑定这个 exchange 并接收来自接口服务的定位消息。拥有该对象的数据服务节点则使用消息单发通知该接口服务节点。

之所以必须使用 REST 和消息队列这两种不同类型的接口是为了满足不同的需求:对象存取的特点是数据量有可能很大,不适合将一个巨大的对象通过消息队列传输。而 REST 接口虽然能够处理大数据量传输,但是对于群发却显得力不从心。

需要说明的是,虽然我们需要两种不同类型的接口,但不一定要选用 REST 和 RabbitMQ。我们可以直接用 TCP 协议来传输对象;消息队列也有很多种,如 ActiveMQ 或 ZeroMQ,甚至我们可以用 UDP 协议实现自己的消息群发。选择有很多,在这里我们使用 REST 和 RabbitMQ 是因为它们都已经具备了成熟的 Go 语言库,实现起来较为容易。而且 Ubuntu 上自带 RabbitMQ 安装包,安装和调试都非常方便。

2.2.1 REST 接口

对于数据服务来说,它的 REST 接口和上一个版本完全相同,也就是对象的 PUT 和 GET 方法,这里不再重复。

对于接口服务来说,除了对象的 PUT 和 GET 方法之外,我们还另外提供了一个用于定位的 locate 接口,用来帮助我们验证架构。

```
GET /locate/<object_name>
```

响应正文

● 定位的结果

客户端通过 GET 方法发起对象定位请求，接口服务节点收到该请求后会向数据服务层群发一个定位消息，然后等待数据服务节点的反馈。如果有数据服务节点发回确认消息，则返回该数据服务节点的地址；如果超过一定时间没有任何反馈，则返回 HTTP 错误代码 404 NOT FOUND。

2.2.2 RabbitMQ 消息设计

数据服务需要通过 RabbitMQ 将自身的存在通知给所有的接口服务，这样的消息被称为心跳消息，见图 2-2。

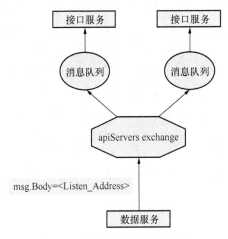

图 2-2　数据服务的心跳消息

apiServers 和 dataServers 这两个 exchange 需要在 RabbitMQ 服务器上预先创建。每个接口服务节点在启动后都会创建自己的消息队列并绑定至 apiServers exchange。每个数据服务节点在启动后每隔 5s 就会发送一条消息给 apiServers exchange，消息的正文就是该数据服务节点的 HTTP 监听地址。接口服务节点在收到该消息后就会记录这个地址。

定位时候的流程见图 2-3。

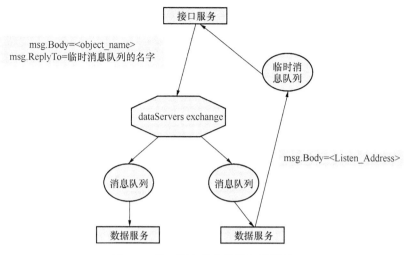

图 2-3　接口服务的定位消息及反馈

每个数据服务节点在启动时都必须创建自己的消息队列并绑定至 dataServers exchange。当接口服务需要定位时，会创建一个临时消息队列，然后发送一条消息给 dataServers exchange，消息的正文是需要定位的对象，返回地址则是该临时队列的名字。定位成功的数据服务节点需要将反馈消息发送给这个临时队列，反馈消息的正文是该数据服务节点自身的监听地址。临时消息队列会在一定时间后关闭。如果在关闭前没有收到任何反馈则该对象定位失败，接口服务节点就会知道该对象不存在于数据服务层。

2.2.3　对象 PUT 流程

对象 PUT 流程见图 2-4。

客户端向接口服务发送 HTTP 的 PUT 请求并提供了<object_name>和<content of object>，接口服务选出一个随机数据服务节点并向它转发这个 PUT 请求，数据服务节点将<content of object>写入 $STORAGE_ROOT/objects/<object_name>文件。

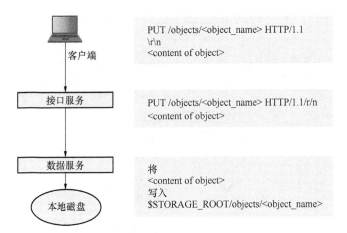

图 2-4　接口和存储分离的对象 PUT 流程

2.2.4　对象 GET 流程

对象 GET 的流程见图 2-5。

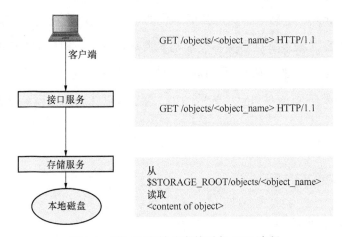

图 2-5　接口和存储分离的对象 GET 流程

客户端的 GET 请求提供了<object_name>，接口服务在收到 GET 请求后会对该 object 进行定位，如果定位失败则返回 404 Not Found；如果定位成功，接口服务会接收到某个数据服务的地址，我们就可以向该地址转发来自客户端的 GET 请求，由数据服务读取本地磁盘上的文件并将其内容写入 HTTP 响应的正文。

『 2.3　Go 语言实现 』

2.3.1　数据服务

首先让我们来关注一下数据服务的实现，数据服务的 REST 接口虽然和上一章完全一致，但是为了支持新的功能，它在实现上还是有很大的变化，首先是 main 函数，见例 2-1。

例 2-1　数据服务的 main 函数

```
func main() {
        go heartbeat.StartHeartbeat()
        go locate.StartLocate()
        http.HandleFunc("/objects/", objects.Handler)
        log.Fatal(http.ListenAndServe(os.Getenv("LISTEN_ADDRESS"), nil))
}
```

数据服务的 main 函数和单机版本的 main 函数唯一的区别是多了两个 goroutine。goroutine 是 Go 语言并发执行的模型。它比线程更轻量级，因为多个 goroutine 可以复用同一个线程，当一个 goroutine 等待 IO 时，该线程上的其他 goroutine 可以继续运行，所以 goroutine 其实是一种纤程。

使用 goroutine 启动的函数会在一个单独的纤程中并发执行，而不影响主线程。第一个 goroutine 启动了一个纤程执行 heartbeat.StartHeartbeat 函数，第二个则启动了另一个纤程执行 locate.StartLocate 函数。HTTP 的处理函数依旧使用 objects 包的 Handler 函数，objects 包和上一个版本完全一样，这里不赘述。

数据服务的 heartbeat 包

heartbeat 包的实现非常简单，只有一个 StartHeartbeat 函数每 5s 向 apiServers exchange 发送一条消息——把本服务节点的监听地址发送出去。见例 2-2。

例 2-2　数据服务的 heartbeat.StartHeartbeat 函数

```
func StartHeartbeat() {
        q := rabbitmq.New(os.Getenv("RABBITMQ_SERVER"))
        defer q.Close()
        for {
                q.Publish("apiServers", os.Getenv("LISTEN_ADDRESS"))
                time.Sleep(5 * time.Second)
        }
}
```

heartbeat.StartHeartbeat 调用 rabbitmq.New 创建了一个 rabbitmq.RabbitMQ 结构体，并在一个无限循环中调用 rabbitmq.RabbitMQ 结构体的 Publish 方法向 apiServers exchange 发送本节点的监听地址。由于该函数在一个 goroutine 中执行，所以就算不返回也不会影响其他功能。rabbitmq 包封装了我们对消息队列的操作，本章后续会详细介绍 rabbitmq 包的各个函数。

数据服务的 locate 包

locate 包有两个函数，分别是用于实际定位对象的 Locate 函数和用于监听定位消息的 StartLocate 函数，见例 2-3。

例 2-3　数据服务的 locate 包

```
func Locate(name string) bool {
        _, err := os.Stat(name)
        return !os.IsNotExist(err)
}

func StartLocate() {
        q := rabbitmq.New(os.Getenv("RABBITMQ_SERVER"))
        defer q.Close()
        q.Bind("dataServers")
        c := q.Consume()
```

```
for msg := range c {
        object, e := strconv.Unquote(string(msg.Body))
        if e != nil {
                panic(e)
        }
        if Locate(os.Getenv("STORAGE_ROOT") + "/objects/" + object) {
                q.Send(msg.ReplyTo, os.Getenv("LISTEN_ADDRESS"))
        }
    }
}
```

Locate 函数用 os.Stat 访问磁盘上对应的文件名，用 os.IsNotExist 判断文件名是否存在，如果存在则定位成功返回 true，否则定位失败返回 false。

StartLocate 函数会创建一个 rabbitmq.RabbitMQ 结构体，并调用其 Bind 方法绑定 dataServers exchange。rabbitmq.RabbitMQ 结构体的 Consume 方法会返回一个 Go 语言的 channel，用 range 遍历这个 channel 可以接收消息。消息的正文内容是接口服务发送过来的需要做定位的对象名字。由于经过 JSON 编码，所以对象名字上有一对双引号（JSON 是 JavaScript Object Notation 的缩写，是一种语言独立的数据格式。虽然它起源自 JavaScript，但是目前很多编程语言都包含处理 JSON 格式数据的代码）。strconv.Unquote 函数的作用就是将输入的字符串前后的双引号去除并作为结果返回。我们在对象名字前加上相应的存储目录并以此作为文件名，然后调用 Locate 函数检查文件是否存在，如果存在，则调用 Send 方法向消息的发送方返回本服务节点的监听地址，表示该对象存在于本服务节点上。

数据服务的 Go 语言实现介绍完了，接下来让我们去看一下接口服务的 Go 语言实现。

2.3.2　接口服务

接口服务除了提供对象的 REST 接口以外还需要提供 locate 功能，其 main 函数见例 2-4。

例 2-4　接口服务的 main 函数

```
func main() {
        go heartbeat.ListenHeartbeat()
        http.HandleFunc("/objects/", objects.Handler)
        http.HandleFunc("/locate/", locate.Handler)
        log.Fatal(http.ListenAndServe(os.Getenv("LISTEN_ADDRESS"), nil))
}
```

接口服务的 main 函数用 goroutine 启动了一个线程来执行 heartbeat.ListenHeartbeat 函数。接口服务除了需要 objects.Handler 处理 URL 以/objects/开头的对象请求以外，还要有一个 locate.Handler 函数处理 URL 以/locate/开头的定位请求。

注意：接口服务的 objects/heartbeat/locate 这 3 个包和数据服务的同名包有很大区别。数据服务的 objects 包负责对象在本地磁盘上的存取；而接口服务的 objects 包则负责将对象请求转发给数据服务。数据服务的 heartbeat 包用于发送心跳消息；而接口服务的 heartbeat 包则用于接收数据服务节点的心跳消息。数据服务的 locate 包用于接收定位消息、定位对象以及发送反馈消息；而接口服务的 locate 包则用于发送定位消息并处理反馈消息。

接口服务的 heartbeat 包

接口服务的 heartbeat 包有 4 个函数、用于接收和处理来自数据服务节点的心跳消息，见例 2-5。

例 2-5　接口服务的 heartbeat 包

```
var dataServers = make(map[string]time.Time)
var mutex sync.Mutex

func ListenHeartbeat() {
        q := rabbitmq.New(os.Getenv("RABBITMQ_SERVER"))
        defer q.Close()
```

```go
        q.Bind("apiServers")
        c := q.Consume()
        go removeExpiredDataServer()
        for msg := range c {
                dataServer, e := strconv.Unquote(string(msg.Body))
                if e != nil {
                        panic(e)
                }
                mutex.Lock()
                dataServers[dataServer] = time.Now()
                mutex.Unlock()
        }
}


func removeExpiredDataServer() {
        for {
                time.Sleep(5 * time.Second)
                mutex.Lock()
                for s, t := range dataServers {
                        if t.Add(10 * time.Second).Before(time.Now()) {
                                delete(dataServers, s)
                        }
                }
                mutex.Unlock()
        }
}


func GetDataServers() []string {
        mutex.Lock()
        defer mutex.Unlock()
        ds := make([]string, 0)
        for s, _ := range dataServers {
                ds = append(ds, s)
        }
```

```
        return ds
}

func ChooseRandomDataServer() string {
        ds := GetDataServers()
        n := len(ds)
        if n == 0 {
                return ""
        }
        return ds[rand.Intn(n)]
}
```

包变量 dataServers 的类型是 map[string]time.Time。其中，键的类型是 string，值的类型则是 time.Time 结构体，它在整个包内可见，用于缓存所有的数据服务节点。

Go 语言中的 map 的含义和用法跟大多数现代编程语言中的 map 一样，是一种用于保存键值对的哈希表数据结构，可以通过中括号 [] 进行键的查询和设置。由于其内部会对键进行散列和掩码运算直接获取存储键的偏移量，所以能获得近乎 O(1) 的查询和设置复杂度。之所以说近乎 O(1) 是因为当两个键在经过散列和掩码运算后有可能会具有相同的偏移量，此时将不得不继续进行线性搜索，不过发生这种不幸情况的几率很小。

ListenHeartbeat 函数创建消息队列来绑定 apiServers exchange 并通过 go channel 监听每一个来自数据服务节点的心跳消息，将该消息的正文内容，也就是数据服务节点的监听地址作为 map 的键，收到消息的时间作为值存入 dataServers。

removeExpiredDataServer 函数在一个 goroutine 中运行，每隔 5s 扫描一遍 dataServers，并清除其中超过 10s 没收到心跳消息的数据服务节点。

GetDataServers 遍历 dataServers 并返回当前所有的数据服务节点。注意，这里对 dataServers 的读写全部都需要 mutex 的保护，以防止多个 goroutine 并发读写 map 造成错误。Go 语言的 map 可以支持多个 goroutine 同时读，但不能支持多个 goroutine 同时写或同时既读又写，所以我们在这里使用一个互斥锁 mutex 保护 map 的并发读写。mutex 的类型是 sync.Mutex，sync 是 Go 语言自带的一个标准包，它提供了包括 Mutex，

RWMutex 在内的多种互斥锁的实现。本书使用了较为简单的互斥锁 Mutex，无论读写都只允许一个 goroutine 操作 map。一个更具有效率的方法是使用读写锁 RWMutex，因为读写锁可以允许多个 goroutine 同时读。有兴趣的读者可自行实现。

ChooseRandomDataServer 函数会在当前所有的数据服务节点中随机选出一个节点并返回，如果当前数据服务节点为空，则返回空字符串。

接口服务的 locate 包

接口服务的 locate 包有 3 个函数，用于向数据服务节点群发定位消息并接收反馈，见例 2-6。

例 2-6　接口服务的 locate 包

```
func Handler(w http.ResponseWriter, r *http.Request) {
        m := r.Method
        if m != http.MethodGet {
                w.WriteHeader(http.StatusMethodNotAllowed)
                return
        }
        info := Locate(strings.Split(r.URL.EscapedPath(), "/")[2])
        if len(info) == 0 {
                w.WriteHeader(http.StatusNotFound)
                return
        }
        b, _ := json.Marshal(info)
        w.Write(b)
}


func Locate(name string) string {
        q := rabbitmq.New(os.Getenv("RABBITMQ_SERVER"))
        q.Publish("dataServers", name)
        c := q.Consume()
        go func() {
                time.Sleep(time.Second)
```

```
                q.Close()
        }()
        msg := <-c
        s, _ := strconv.Unquote(string(msg.Body))
        return s
}


func Exist(name string) bool {
        return Locate(name) != ""
}
```

Handler 函数用于处理 HTTP 请求，如果请求方法不为 GET，则返回 405 Method Not Allowed；如果请求方法为 GET，我们将<object_name>作为 Locate 函数的参数进行定位。如果 Locate 函数返回的字符串长度为空，说明该对象 locate 失败，我们返回 404 Not Found；如果不为空，则是拥有该对象的一个数据服务节点的地址，我们将该地址作为 HTTP 响应的正文输出。

Locate 函数接受一个 string 类型的参数 name，也就是需要定位的对象的名字。它会创建一个新的消息队列，并向 dataServers exchange 群发这个对象名字的定位信息，随后用 goroutine 启动一个匿名函数，用于在 1s 后关闭这个临时消息队列。这是为了设置一个超时机制，避免无止境的等待。因为 Locate 函数随后就会阻塞等待数据服务节点向自己发送反馈消息，如果 1s 后还没有任何反馈，则消息队列关闭，我们会收到一个长度为 0 的消息，此时我们需要返回一个空字符串；如果在 1s 内有来自数据服务节点的消息，则返回该消息的正文内容，也就是该数据服务节点的监听地址。

Exist 函数通过检查 Locate 结果是否为空字符串来判定对象是否存在。

接口服务的 objects 包

接口服务的 objects 包跟数据服务有很大区别，其 put 函数和 get 函数并不会访问本地磁盘上的对象，而是将 HTTP 请求转发给数据服务。put 函数负责处理对象 PUT 请求，其相关函数见例 2-7。

例 2-7　接口服务的 objects.put 相关函数

```go
func put(w http.ResponseWriter, r *http.Request) {
        object := strings.Split(r.URL.EscapedPath(), "/")[2]
        c, e := storeObject(r.Body, object)
        if e != nil {
                log.Println(e)
        }
        w.WriteHeader(c)
}


func storeObject(r io.Reader, object string) (int, error) {
        stream, e := putStream(object)
        if e != nil {
                return http.StatusServiceUnavailable, e
        }

        io.Copy(stream, r)
        e = stream.Close()
        if e != nil {
                return http.StatusInternalServerError, e
        }
        return http.StatusOK, nil
}


func putStream(object string) (*objectstream.PutStream, error) {  ·
        server := heartbeat.ChooseRandomDataServer()
        if server == "" {
                return nil, fmt.Errorf("cannot find any dataServer")
        }

        return objectstream.NewPutStream(server, object), nil
}
```

put 函数首先从 URL 中获取<object_name>部分赋值给 object，然后将 r.Body 和

object 作为参数调用 storeObject。storeObject 函数会返回两个结果，第一个返回值是一个 int 类型的变量，用来表示 HTTP 错误代码，我们会使用 w.WriteHeader 方法把这个错误代码写入 HTTP 响应，第二个返回值则是一个 error，如果该 error 不为 nil，则我们需要把这个错误打印在 log 中。

storeObject 函数以 object 为参数调用 putStream 生成 stream，stream 的类型是 *objectstream. PutStream，这是一个指向 objectstream.PutStream 结构体的指针，该结构体实现了 Write 方法，所以它是一个 io.Write 接口。我们用 io.Copy 把 HTTP 请求的正文写入这个 stream，然后调用 stream.Close()关闭这个流。objectstream.PutStream 的 Close 方法返回一个 error，用来通知调用者在数据传输过程中发生的错误，如有错误，我们返回 http.StatusInternalServerError，客户端会收到 HTTP 错误代码 500 Internal Server Error。

putStream 函数首先调用 heartbeat.ChooseRandomDataServer 函数获得一个随机数据服务节点的地址 server，如果 server 为空字符串，则意味着当前没有可用的数据服务节点，我们返回一个 objectstream.PutStream 的空指针和一个"cannot find any dataServer"的 error。此时 storeObject 会返回 http.StatusServiceUnavailable，客户端会收到 HTTP 错误代码 503 Service Unavailable。如果 server 不为空，则以 server 和 object 为参数调用 objectstream.NewPutStream 生成一个 objectstream.PutStream 的指针并返回。

objectstream 包是我们对 Go 语言 http 包的一个封装，用来把一些 http 函数的调用转换成读写流的形式，方便我们处理。其 PutStream 相关代码见例 2-8。

例 2-8　objectstream 包 PutStream 相关代码

```
type PutStream struct {
        writer *io.PipeWriter
        c       chan error
}

func NewPutStream(server, object string) *PutStream {
        reader, writer := io.Pipe()
        c := make(chan error)
```

```
        go func() {
                request, _ := http.NewRequest("PUT", "http://"+server+"/
objects/ "+object, reader)
                client := http.Client{}
                r, e := client.Do(request)
                if e == nil && r.StatusCode != http.StatusOK {
                        e = fmt.Errorf("dataServer return http code
%d", r.StatusCode)
                }
                c <- e
        }()
        return &PutStream{writer, c}
}

func (w *PutStream) Write(p []byte) (n int, err error) {
        return w.writer.Write(p)
}

func (w *PutStream) Close() error {
        w.writer.Close()
        return <-w.c
}
```

PutStream 是一个结构体，内含一个 io.PipeWriter 的指针 writer 和一个 error 的 channel c。writer 用于实现 Write 方法，c 用于把在一个 goroutine 传输数据的过程中发生的错误传回主线程。

NewPutStream 函数用于生成一个 PutStream 结构体。它用 io.Pipe 创建了一对 reader 和 writer，类型分别是*io.PipeReader 和*io.PipeWriter。它们是管道互联的，写入 writer 的内容可以从 reader 中读出来。之所以要有这样的一对管道是因为我们希望能以写入数据流的方式操作 HTTP 的 PUT 请求。Go 语言的 http 包在生成一个 PUT 请求时需要提供一个 io.Reader 作为 http.NewRequest 的参数，由一个类型为 http.Client 的 client 负责从中读取需要 PUT 的内容。有了这对管道，我们就可以在满足 http.NewRequest 的参数要求的同时用写入 writer 的方式实现 PutStream 的 Write 方法。另外，由于管道的读写是阻塞的，我们需要在一个 goroutine 中调用 client.Do 方法。该方法的返回值有两个：HTTP 响应的错误代码和 error。如果 error 不等于空（nil），说明出现了错误，我们需要把这些错误发送进 channel c。如果 error 等于空，但是 HTTP 错误代码不为 200 OK，我们也需要把这种情况记录为一种错误，然后将这个错误发送进 channel c。之后这个错误会在 PutStream.Close 方法中被读取出来。

PutStream.Write 方法用于写入 writer。只有实现了这个方法，我们的 PutStream 才会被认为是实现了 io.Write 接口。

PutStream.Close 方法用于关闭 writer。这是为了让管道另一端的 reader 读到 io.EOF，否则在 goroutine 中运行的 client.Do 将始终阻塞无法返回。然后我们从 c 中读取发送自 goroutine 的错误并返回。

objects 包的 get 函数用来处理 GET 请求，其相关代码见例 2-9。

例 2-9　接口服务的 objects.get 相关函数

```go
func get(w http.ResponseWriter, r *http.Request) {
        object := strings.Split(r.URL.EscapedPath(), "/")[2]
        stream, e := getStream(object)
        if e != nil {
                log.Println(e)
                w.WriteHeader(http.StatusNotFound)
                return
        }
        io.Copy(w, stream)
}

func getStream(object string) (io.Reader, error) {
        server := locate.Locate(object)
        if server == "" {
                return nil, fmt.Errorf("object %s locate fail", object)
        }
```

```
        return objectstream.NewGetStream(server, object)
}
```

和 put 一样，get 函数先获取<object_name>，然后以之为参数调用 getStream 生成一个类型为 io.Reader 的 stream，如果出现错误，则打印 log 并返回 404 Not Found；否则用 io.Copy 将 stream 的内容写入 HTTP 响应的正文。

getStream 函数的参数 object 是一个字符串，它代表对象的名字。我们首先调用 locate.Locate 定位这个对象，如果返回的数据服务节点地址为空字符串，则返回定位失败的错误；否则调用 objectstream.NewGetStream 并返回其结果。

objectstream 包的 GetStream 相关代码见例 2-10。

例 2-10　objectstream 包的 GetStream 相关代码

```
type GetStream struct {
        reader io.Reader
}


func newGetStream(url string) (*GetStream, error) {
        r, e := http.Get(url)
        if e != nil {
                return nil, e
        }
        if r.StatusCode != http.StatusOK {
                return nil, fmt.Errorf("dataServer return http code %d",
r.StatusCode)
        }
        return &GetStream{r.Body}, nil
}


func NewGetStream(server, object string) (*GetStream, error) {
        if server == "" || object == "" {
                return nil, fmt.Errorf("invalid server %s object %s",
server, object)
```

```
        }
        return newGetStream("http://" + server + "/objects/" + object)
}

func (r *GetStream) Read(p []byte) (n int, err error) {
        return r.reader.Read(p)
}
```

GetStream 比 PutStream 简单很多，因为 Go 语言的 http 包会返回一个 io.Reader，我们可以直接从中读取响应的正文，而不需要像 PutStream 那样使用管道来适配。所以我们的 GetStream 只需要一个成员 reader 用于记录 http 返回的 io.Reader。

newGetStream 函数的输入参数 url 是一个字符串，表示用于获取数据流的 HTTP 服务地址。我们调用 http.Get 发起一个 GET 请求，获取该地址的 HTTP 响应。http.Get 返回的 r 的类型是 *http.Response，其成员 StatusCode 是该 HTTP 响应的错误代码，成员 Body 则是用于读取 HTTP 响应正文的 io.Reader。我们将 r.Body 作为新生成的 GetStream 的 reader，并返回这个 GetStream。

NewGetStream 是 newGetStream 的封装函数。newGetStream 首字母小写，说明该函数并没有暴露给 objectstream 包外部使用，NewGetStream 的函数签名只需要 server 和 object 这两个字符串，它们会在函数内部拼成一个 url 传给 newGetStream，这样，对外就隐藏了 url 的细节。使用者不需要知道具体的 url，只需要提供数据服务节点地址和对象名就可以读取对象。

GetStream.Read 方法用于读取 reader 成员。只要实现了该方法，我们的 GetStream 结构体就实现了 io.Reader 接口。这也是为什么 NewGetStream 函数第一个返回值的类型是 *GetStream，而例 2-9 中，objects.get Stream 函数第一个返回值的类型却是 io.Reader。

2.3.3　rabbitmq 包

为了使用 RabbitMQ，我们需要下载 RabbitMQ 提供的 Go 语言包"github.com/streadway/amqp"。而要下载 Go 包，我们需要首先设置 $GOPATH 环境变量。在作者的机器上，$GOPATH 的设置为：

```
export GOPATH=~/workspace/go-implement-your-object-storage
```

然后用 go get 命令下载"github.com/streadway/amqp"包。

```
go get "github.com/streadway/amqp"
```

下载的 Go 包源码会统一放在$GOPATH/src 里面，而二进制静态链接库则放在 $GOPATH/pkg 里面。

除了 RabbitMQ 提供的这个函数库，我们还自己实现了一个 rabbitmq 包，这是我们对"github.com/streadway/amqp"包的封装，用于简化接口，代码见例 2-11。

例 2-11　封装 RabbitMQ 函数库的 rabbitmq 包

```go
type RabbitMQ struct {
        channel  *amqp.Channel
        Name     string
        exchange string
}

func New(s string) *RabbitMQ {
        conn, e := amqp.Dial(s)
        if e != nil {
                panic(e)
        }

        ch, e := conn.Channel()
        if e != nil {
                panic(e)
        }

        q, e := ch.QueueDeclare(
                "",     // name
```

```
                    false, // durable
                    true,  // delete when unused
                    false, // exclusive
                    false, // no-wait
                    nil,   // arguments
            )
            if e != nil {
                    panic(e)
            }

            mq := new(RabbitMQ)
            mq.channel = ch
            mq.Name = q.Name
            return mq
    }

    func (q *RabbitMQ) Bind(exchange string) {
            e := q.channel.QueueBind(
                    q.Name,    // queue name
                    "",        // routing key
                    exchange, // exchange
                    false,
                    nil)
            if e != nil {
                    panic(e)
            }
            q.exchange = exchange
    }

    func (q *RabbitMQ) Send(queue string, body interface{}) {
            str, e := json.Marshal(body)
            if e != nil {
                    panic(e)
            }
```

```go
    e = q.channel.Publish("",
            queue,
            false,
            false,
            amqp.Publishing{
                    ReplyTo: q.Name,
                    Body: []byte(str),
            })
    if e != nil {
            panic(e)
    }
}


func (q *RabbitMQ) Publish(exchange string, body interface{}) {
    str, e := json.Marshal(body)
    if e != nil {
            panic(e)
    }
    e = q.channel.Publish(exchange,
            "",
            false,
            false,
            amqp.Publishing{
                    ReplyTo: q.Name,
                    Body: []byte(str),
            })
    if e != nil {
            panic(e)
    }
}


func (q *RabbitMQ) Consume() <-chan amqp.Delivery {
    c, e := q.channel.Consume(q.Name,
            "",
```

```
                true,
                false,
                false,
                false,
                nil,
        )
        if e != nil {
                panic(e)
        }
        return c
}


func (q *RabbitMQ) Close() {
        q.channel.Close()
}
```

　　New 函数用于创建一个新的 rabbitmq.RabbitMQ 结构体，该结构体的 Bind 方法可以将自己的消息队列和一个 exchange 绑定，所有发往该 exchange 的消息都能在自己的消息队列中被接收到。Send 方法可以往某个消息队列发送消息。Publish 方法可以往某个 exchange 发送消息。Consume 方法用于生成一个接收消息的 go channel，使客户程序可以通过 Go 语言的原生机制接收队列中的消息。Close 方法用于关闭消息队列。更多 RabbitMQ 接口的相关资料见其官方网站。

『 2.4　功能测试 』

　　首先介绍我们的测试环境，从本章开始一直到本书结束，我们的测试环境都不再发生变化，始终包括 6 个数据服务节点和 2 个接口服务节点，共 8 个节点。为了方便测试，这 8 个节点其实都运行在同一台服务器上，只是绑定了 8 个不同的地址加以区分。

　　6 个数据服务节点地址分别是 10.29.1.1:12345、10.29.1.2:12345、10.29.1.3:12345、10.29.1.4:12345、10.29.1.5:12345、10.29.1.6:12345。2 个接口服务节点地址是 10.29.2.1:12345

和 10.29.2.2:12345。

在同一台服务器上绑定多个地址的命令如下：

```
ifconfig ens32:1 10.29.1.1/16
ifconfig ens32:2 10.29.1.2/16
ifconfig ens32:3 10.29.1.3/16
ifconfig ens32:4 10.29.1.4/16
ifconfig ens32:5 10.29.1.5/16
ifconfig ens32:6 10.29.1.6/16
ifconfig ens32:7 10.29.2.1/16
ifconfig ens32:8 10.29.2.2/16
```

ens32 是这台服务器的网络接口，由于 Ubuntu 16.0.4 的内核支持接口别名，我们只需要在 ifconfig 命令上使用别名接口（ens32 后面加上冒号和一个数字）就可以在同一个接口上绑定多个地址。

为了让我们的节点能够建立消息队列，我们还需要一台 RabbitMQ 服务器（地址是 10.29.102.173），在其上安装 rabbitmq-server。

```
$ sudo apt-get install rabbitmq-server
```

下载 rabbitmqadmin 管理工具。

```
$ sudo rabbitmq-plugins enable rabbitmq_management
$ wget localhost:15672/cli/rabbitmqadmin
```

创建 apiServers 和 dataServers 这两个 exchange。

```
$ python3 rabbitmqadmin declare exchange name=apiServers type=fanout
$ python3 rabbitmqadmin declare exchange name=dataServers type=fanout
```

添加用户 test，密码 test。

```
$ sudo rabbitmqctl add_user test test
```

给 test 用户添加访问所有 exchange 的权限。

```
$ sudo rabbitmqctl set_permissions -p / test ".*" ".*" ".*"
```

有经验的读者看到这里可能要考虑 RabbitMQ 服务器是否会成为整个对象存储集群的单点故障，其实不用担心，虽然我们在测试环境上只使用了一台服务器，但是 RabbitMQ 本身支持高可用的集群服务模式。

消息队列服务器就绪，现在我们需要同时启动 8 个服务程序，在启动前还要记得创建相应的$STORAGE_ROOT 目录及其子目录 objects。

```
$ for i in `seq 1 6`; do mkdir -p /tmp/$i/objects; done

$ export RABBITMQ_SERVER=amqp://test:test@10.29.102.173:5672

$ LISTEN_ADDRESS=10.29.1.1:12345 STORAGE_ROOT=/tmp/1 go run dataServer/
dataServer.go &
$ LISTEN_ADDRESS=10.29.1.2:12345 STORAGE_ROOT=/tmp/2 go run dataServer/
dataServer.go &
$ LISTEN_ADDRESS=10.29.1.3:12345 STORAGE_ROOT=/tmp/3 go run dataServer/
dataServer.go &
$ LISTEN_ADDRESS=10.29.1.4:12345 STORAGE_ROOT=/tmp/4 go run dataServer/
dataServer.go &
$ LISTEN_ADDRESS=10.29.1.5:12345 STORAGE_ROOT=/tmp/5 go run dataServer/
dataServer.go &
$ LISTEN_ADDRESS=10.29.1.6:12345 STORAGE_ROOT=/tmp/6 go run dataServer/
dataServer.go &

$ LISTEN_ADDRESS=10.29.2.1:12345 go run apiServer/apiServer.go &
$ LISTEN_ADDRESS=10.29.2.2:12345 go run apiServer/apiServer.go &
```

接下来我们用 curl 命令作为客户端来访问服务节点 10.29.2.2:12345，PUT 一个名为 test2 的对象。

```
$ curl -v 10.29.2.2:12345/objects/test2 -XPUT -d"this is object test2"
*   Trying 10.29.2.2...
* Connected to 10.29.2.2 (10.29.2.2) port 12345 (#0)
> PUT /objects/test2 HTTP/1.1
> Host: 10.29.2.2:12345
> User-Agent: curl/7.47.0
> Accept: */*
> Content-Length: 20
> Content-Type: application/x-www-form-urlencoded
>
* upload completely sent off: 20 out of 20 bytes
< HTTP/1.1 200 OK
< Date: Tue, 27 Jun 2017 16:03:52 GMT
< Content-Length: 0
< Content-Type: text/plain; charset=utf-8
<
* Connection #0 to host 10.29.2.2 left intact
```

成功了！现在用 locate 命令看看 test2 对象被保存在哪个数据服务节点上。

```
$ curl 10.29.2.2:12345/locate/test2
"10.29.1.4:12345"
```

现在我们换一个接口服务节点 GET 这个对象。

```
$ curl 10.29.2.1:12345/objects/test2
this is object test2
```

「 2.5　小结 」

我们在本章实现了一个接口服务和数据服务分离的对象存储，对象的 PUT 和
GET 接口跟上一个版本保持一致，对象的数据被保存在专门的数据服务节点，而

不是保存在接口服务节点的本地磁盘上。经过这样的解耦合以后，我们可以往集群中任意添加新的接口服务节点或数据服务节点，一个分布式对象存储的雏形差不多出来了。

然而本章的实现还隐藏着两个问题，第一个问题是如果试着多次 PUT 同一个对象，我们会发现该对象在所有的数据服务节点上都有一份副本。这是由于我们在每次 PUT 的时候都是随机选择一个数据服务节点，只要 PUT 次数足够多，那么所有的节点必然都会被选中一次，结果就是每个节点上都保存着这个对象的数据。为了解决这个问题，对象存储系统提出了一个十分重要的概念，叫作数据去重。

你可能会说只需要在每次 PUT 之前先定位一下，确保该对象不存在之后再 PUT 就好了。然而问题并没有那么简单，更复杂的情况是，两个名字不同的对象有可能内容相同。这样的对象也属于需要去重的范畴。这是怎么回事呢？一个对外提供服务的对象存储系统不可能只有一个用户，而是会有很多用户一起使用，这些用户上传的对象可能存在大量的重复数据。为了节省存储空间，对象存储服务通常都会尽量让数据相同的对象共享系统中的同一份数据存储。我们会在第 4 章专门讨论去重的问题。

另一个问题则是数据的不一致。假设我们多次 PUT 同一个对象，且内容不同，这个对象的不同版本会被随机保存在不同的数据服务节点上。而当我们 GET 它时就会随机取得不同版本的对象，这不仅破坏了对象数据的一致性，也破坏了 GET 方法的幂等性。

对于这个问题，我们能不能像之前讨论过的那样，在每次 PUT 之前先定位一下，如果该对象不存在则随机选；如果存在则选择相应的数据服务节点呢？这是可以的，如果用户不要求版本控制的话，那么系统的行为就是用最新的版本覆盖上一个版本。但是这样的对象存储功能太简陋了，可以说，现在的业界不存在不支持版本控制的对象存储。

所谓版本控制，指的就是用户上传的某个对象的所有版本都被保存起来。比如说，当用户第一次上传一个对象时，它的初始版本为 1；当用户使用 PUT 方法改变了该对象的内容，那么新对象的版本为 2，依次递增。新的版本会覆盖旧的版本，但是旧版本的对象不会被删除。在下载对象时，用户可以指定 GET 对象的任意一个版本。为了实现版本控制，我们需要一个数据库来记录系统中所有对象的所有版本。这个数据库就是我们的元数据服务，我们将在下一章将元数据服务加入我们的架构。

分布式对象存储

第 3 章

第 3 章

元数据服务

我们在上一章实现的对象存储服务包括了接口服务和数据服务，它是一个分布式对象存储的雏形。这个雏形的问题是无法区分同一个对象的不同版本。为了记录对象版本以及其他一些元数据，我们会在本章将一个新的组件加入我们的架构：元数据服务。

3.1 什么是元数据

3.1.1 系统定义的元数据

和数据服务类似，元数据服务就是提供对元数据的存取功能的服务。我们在第 1 章已经介绍过，元数据指的是对象的描述信息，为了和对象的数据本身区分开来，我们就赋予了它这个名称。那么对象的哪些信息可以被称为元数据呢？举例来说，有对象的名字、版本、大小以及散列值等。这些都是系统定义的元数据，因为它们的存在对一个对象存储系统有实际意义，比如说客户端和接口服务之间根据对象的名字来引用一个对象；一个对象可以有多个版本，除了删除标记外，每个版本实际都指向数据服务节点上的一份数据存储。

3.1.2 用户自定义的元数据

除了那些系统定义的元数据以外，用户也可以为这个对象添加自定义的元数据，通常是以键值对形式保存的任意描述信息，比如一张照片的拍摄时间和拍摄地点，一首歌的作者和演唱者等。对象存储系统不关心这些元数据，但是用户需要将它们添加到对象存储系统中，作为该对象的元数据进行保存。

3.1.3　散列值和散列函数

对象的散列值是一种非常特殊的元数据，因为对象存储通常将对象的散列值作为其全局唯一的标识符。在此前，数据服务节点上的对象都是用名字来引用的，如果两个对象名字不同，那么我们无法知道它们的内容是否相同。这让我们无法实现针对不同对象的去重。现在，以对象的散列值作为标识符，我们就可以将接口服务层访问的对象和数据服务存取的对象数据解耦合。客户端和接口服务通过对象的名字来引用一个对象，而实际则是通过其散列值来引用存储在数据节点上的对象数据，只要散列值相同则可以认为对象的数据相同，这样就可以实现名字不同但数据相同的对象之间的去重。

对象的散列值是通过散列函数计算出来的，散列函数会将对象的数据进行重复多轮的数学运算，这些运算操作包括按位与、按位或、按位异或等，最后计算出来一个长度固定的数字，作为对象的散列值。一个理想的散列函数具有以下 5 个特征。

- 操作具有决定性，同样的数据必定计算出同样的散列值。
- 无论计算任何数据都很快。
- 无法根据散列值倒推数据，只能遍历尝试所有可能的数据。
- 数据上微小的变化就会导致散列值的巨大改变，新散列值和旧散列值不具有相关性。
- 无法找到两个能产生相同散列值的不同数据。

可惜这只是理想的情况，现实世界里不可能完全满足。在现实世界，一个散列函数 hash 的安全级别根据以下 3 种属性决定。

- 抗原像攻击：给定一个散列值 h，难以找到一个数据 m 令 h=hash(m)。这个属性称为函数的单向性。欠缺单向性的散列函数易受到原像攻击。

- 抗第二原像攻击：给定一个数据 m1，难以找到第二个数据 m2 令 hash(m1)= hash(m2)。欠缺该属性的散列函数易受到第二原像攻击。

- 抗碰撞性：难以找到两个不同的数据 m1 和 m2 令 hash(m1)=hash(m2)。这样的一对数据被称为散列碰撞。

本书的实现使用的散列函数是 SHA-256，该函数使用 64 轮的数学运算，产生一个长度为 256 位的二进制数字作为散列值，目前在全世界还没有报告过一起散列碰撞事件。这样的函数对于我们来说已经足够好。对安全性有特殊要求的读者也可以自行选用 SHA-512 或其他更高位数的散列函数。更多散列函数信息请参见其官方网站。

本书实现的元数据服务较为简单，它将只保存系统定义的元数据，也就是对象的名字、版本、大小和散列值，因为这些直接影响到我们的存储功能。至于用户自定义的元数据对我们没有直接影响，所以本书并没有实现。不过一个成熟的对象存储系统通常都会支持对用户自定义元数据的高级搜索功能，有兴趣的读者可以自行实现。

〖 3.2　加入元数据服务的架构 〗

见图 3-1，和第 2 章的架构相比，加入元数据服务的架构其他组件不变，而多了一个 ElasticSearch（以下简称 ES），那就是我们选择的元数据服务。需要说明的是能做元数据服务的并不只有 ES 一种，任何一个分布式数据库都可以做我们的元数据服务。我们选择 ES 的原因是它足够好且实现方便。和 RabbitMQ 一样，ES 本身当然也支持集群，但是在本书的测试环境中我们只使用了一个服务节点。

ES 使用的也是 REST 接口，我们的接口服务节点作为客户端通过 HTTP 访问 ES 的索引（index）。ES 的索引就相当于一个数据库，而类型（type）则相当于数据库里的一张表。我们会创建一个名为 metadata 的索引，其中有一个名为 objects 的类型。

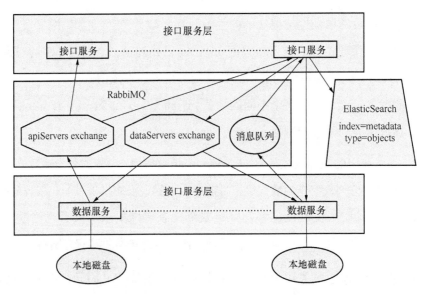

图 3-1 加入元数据服务的架构

需要注意的是，目前 ES 的索引的主分片（primary shards）数量一旦被创建就无法更改，对于对象存储来说这会导致元数据服务的容量无法自由扩容。本书的实现由于数据量较小并没有考虑扩容的问题，而是直接使用了固定的索引。对于有扩展性需求的读者，本书推荐的一种解决方法是使用 ES 滚动索引（rollover index）。使用滚动索引之后，只要当前索引中的文档数量超出设定的阈值，ES 就会自动创建一个新的索引用于数据的插入，而数据的搜索则依然可以通过索引的别名访问之前所有的旧索引。当然，这个解决方案只是代码层面的，硬件的扩容还是需要运维人员的帮助。

3.2.1 REST 接口

有了元数据服务之后，就可以给我们的接口服务增加新的功能，首先是给对象的 GET 方法增加一个参数 version。

```
GET /objects/<object_name>?version=<version_id>
```

响应正文

● 对象的数据：这个参数可以告诉接口服务客户端需要的是该对象的第几个版

本，默认是最新的那个。

```
PUT /objects/<object_name>
```

请求头部（Request Header）

- Digest: SHA-256=<对象散列值的 Base64 编码>
- Content-Length: <对象数据的长度>

请求正文

- 对象的内容如下：

PUT 方法没变，但是每次客户端 PUT 一个对象时，必须提供一个名为 Digest 的 HTTP 请求头部，它记录了用 SHA-256 散列函数计算出来的对象散列值（https://tools.ietf.org/html/rfc3230）。

HTTP 头部分为请求头部（Request Header）和响应头部（Response Header），它允许客户端和服务器在 HTTP 的请求和响应中交换额外的信息。一个头部由 3 个部分组成：一个大小写不敏感的名字，后面跟着一个冒号“:”，然后是该头部的值。注意头部的值不能包含回车。

Digest 头部的名字是 Digest，后面跟着一个冒号，然后是 Digest 头部的值，也就是“SHA-256=<对象散列值的 Base64 编码>”。SHA-256 是我们要求使用的散列函数，根据 RFC3230 的要求，客户端需要在 Digest 头部提供计算散列值时使用的散列函数，如果服务器发现客户端使用的散列函数跟服务器使用的散列函数不一致则会拒绝整个请求。SHA-256 计算出的散列值是一个 256 位的二进制数字，客户端还需要对其进行 Base64 编码，将数字转化成 ASCII 字符串格式，以确保不包含回车的二进制数字。

Base64 编码规则选定了 64 个不同的字符，分别代表 1 个 6 位的二进制数字。对一个 256 位的二进制数字进行编码，首先要将其切成 11 个 24 位的二进制数字（不足的位在最后一个数字用 0 补齐），然后每个数字正好用 4 个 Base64 字符来表示。

经过 Base64 编码后的散列值将作为该对象的全局唯一标识符，也是数据服务节点储存的对象名。也就是说，只要对象内容发生了变化，那么原来在数据服务节点上储存的数据不会被更新，而是会储存一个新的对象。

除了 Digest 头部以外，客户端还必须提供一个名为 Content-Length 的 HTTP 请求头部用来告诉服务端该对象数据的长度。客户端提供的对象散列值和长度会作为元数据被保存在元数据服务中。

将数据服务层存取的对象名和接口服务层访问的对象名区分开对于去重来说至关重要。现在，无论接口服务层收到的对象名是什么，只要从数据服务层角度看到的对象名一致，就可以认为是对象的内容一致，去重就只需要简单地根据数据服务层的对象名来实现就可以了。

PUT 成功后，在元数据服务中该对象就会添加一个新的版本，版本号从 1 开始递增。

除了对象的 GET 和 PUT 方法发生了变化以外，我们还可以添加新的功能，首先是对象的 DELETE 方法。

```
DELETE /objects/<object_name>
```

我们使用 DELETE 方法来删除一个对象。

在此之前，我们都没有实现对象的删除功能，这是有原因的。对象存储的去重会让名字不同的对象共享同一份数据存储，而删除一个对象意味着要将该对象和数据存储之间的联系断开。在把对象的名字和对象的数据存储解耦合之前，我们无法做到在删除一个对象的同时保留对象的数据存储。现在有了元数据服务，我们在删除一个对象时，只需要在元数据中给对象添加一个表示删除的特殊版本，而在数据节点上保留其数据。

在 GET 时，如果该对象的最新版本是一个删除标记，则返回 404 Not Found。

除了对象的删除功能之外，我们还需要提供对象的列表功能，用于查询所有对象或指定对象的所有版本。

```
GET /versions/
```

响应正文

● 所有对象的所有版本：客户端通过该接口 GET 全体对象的版本列表。接口服务会向元数据服务搜索当前所有的元数据，并将来自 ES 的元数据在 HTTP 响应中逐条输出，每条元数据的结构如下。

```
{
  Name:string,
  Version:int,
  Size:int,
  Hash:string
}
```

Name 就是对象名字。Version 是对象的版本。Size 是对象该版本的大小，Hash 是对象该版本的散列值。如果某个版本是一个删除标记，其 Size 为 0，Hash 为空字符串。

```
GET /versions/<object_name>
```

响应正文

● 指定对象的所有版本：客户端 GET 某个指定对象的版本列表，接口服务节点返回该对象的所有版本。HTTP 响应内容结构同上。

3.2.2　ES 接口

ES 映射结构

熟悉 ES 的读者从上面的接口应该已经能够猜测出来，这里 metadata 索引使用的映射（mappings）结构如下：

```
{
  "mappings":{
    "objects":{
      "properties":{
        "name":{"type": "string","index":"not analyzed"},
        "version":{"type":"integer"},
        "size":{"type":"integer"},
```

```
            "hash":{"type":"string"}
        }
      }
    }
}
```

之前说过，ES 的索引相当于数据库而类型相当于数据库的表，那么现在这个映射则相当于定义表结构。这个映射会在创建 metadata 索引时作为参数一并被引入，该索引只有一个类型就是 objects，其中包括 4 个属性分别是 name、version、size 和 hash，相当于数据库表的 4 个列。

name 属性有个额外的要求"index"："not_analyzed"，这是为了在搜索时能够精确匹配 name。默认的 analyzed index 会对 name 进行分词匹配。这有可能导致不相关的匹配结果。比如我们有一个元数据的 name 是"little cat"，如果使用 analyzed index，那么它会被分成 little 和 cat 两个词，之后任何包含 little 或 cat 的搜索都会导致"little cat"被选中。

添加对象元数据的步骤

当客户端 PUT 或 DELETE 对象时，我们都需要往元数据服务添加新版本，处理步骤见图 3-2。

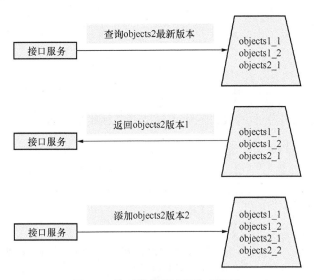

图 3-2　往元数据服务添加新版本

图 3-2 显示了我们往元数据服务添加新版本的流程，当接口服务需要给某个对象添加一个新版本时，我们首先会去查询该对象当前最新版本的元数据，如果该对象不存在，则新版本从 1 开始；否则新版本为当前最新版本加 1，然后将其添加进元数据服务。

GET 对象时分两种情况，如果没有指定版本号，我们同样需要搜索对象最新版本的元数据；如果指定了版本号，我们可以根据对象的名字和版本号直接获取对象指定版本的元数据。

用到的 ES API

要想获取对象当前最新版本的元数据需要使用 ES 搜索 API。

```
GET /metadata/_search?q=name:<object_name>&size=1&sort=version:desc
```

给对象添加一个新版本需要使用 ES 索引 API。

```
PUT /metadata/objects/<object_name>_<version>?op_type=create
```

在这里，我们特地将<object_name>_<version>作为_id 创建。这是为了当客户端指定版本 GET 对象时可以直接根据对象名和版本号拼出相对应的_id 来从 ES 中获取元数据，从而免除了搜索的步骤。

使用 op_type=create 可以确保当多个客户端同时上传同一个对象时不至于发生数据丢失，因为只有第一个请求能成功上传给 ES。其他请求会收到 HTTP 错误代码 409 Conflict，这样接口服务节点就能知道发生了版本冲突并重新上传。

当客户端 GET 对象时分两种情况，如果没有指定版本号，我们使用和之前同样的 ES 搜索 API 来获取对象的最新版本。

如果客户端指定版本号 GET 对象，我们则使用 ES Get API 直接获取对象指定版本的元数据。

```
GET /metadata/objects/<object_name>_<version_id>/_source
```

当客户端 GET 全体对象版本列表时，我们使用 ES 搜索 API 方法如下：

```
GET /metadata/_search?sort=name,version&from=<from>&size=<size>
```

其中，from 和 size 用于分页显示。在不指定 from 和 size 的情况下，ES 默认的分页是从 0 开始显示 10 条。

当客户端 GET 指定对象版本列表时，我们使用 ES 搜索 API 方法如下：

```
GET /metadata/_search?sort=name,version&from=<from>&size=<size>&q=name:
<object_name>
```

这里多了一个 q 参数用于指定 name。

3.2.3 对象 PUT 流程

对象 PUT 流程见图 3-3。

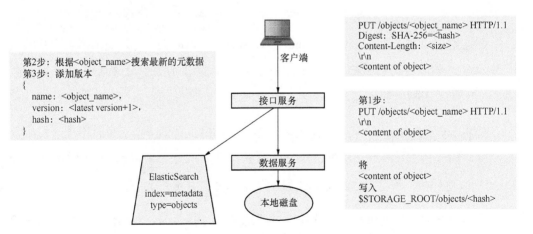

图 3-3 加入元数据服务的对象 PUT 流程

客户端的 HTTP 请求提供了对象的名字、散列值和大小，接口服务以散列值作为数据服务的对象名来保存对象，然后在元数据服务中根据对象的名字搜索当前最新的元数据，使其版本号加 1 并添加一个新版本的元数据。

3.2.4　对象 GET 流程

对象 GET 流程见图 3-4。

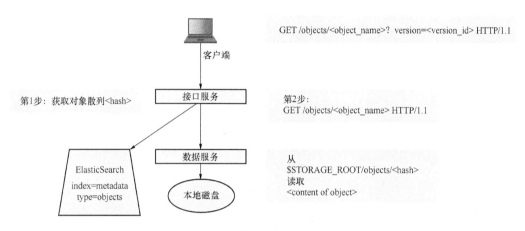

图 3-4　加入元数据服务的对象 GET 流程

客户端在 HTTP 请求中指定对象的名字，可在 URL 的查询参数中指定版本号。如果指定版本号，则接口服务根据对象的名字和版本号获取元数据；否则根据对象的名字搜索最新元数据。然后从元数据中获得对象的散列值作为数据服务的对象名来读取对象。

〖 3.3　Go 语言实现 〗

由于本章讲述的方法和元数据服务的互动完全在接口服务层实现，数据服务的实现和上一章相比没有发生变化，因此本章不再赘述。

3.3.1　接口服务

由于接口服务的 locate 包和 heartbeat 包与上一章相比也没有发生变化，我们会略过对它们的代码示例，需要回顾的读者可自行翻阅上一章的相关内容。

接口服务这边首先发生变化的是 main 函数，见例 3-1。

例 3-1 接口服务的 main 函数

```
func main() {
        go heartbeat.ListenHeartbeat()
        http.HandleFunc("/objects/", objects.Handler)
        http.HandleFunc("/locate/", locate.Handler)
        http.HandleFunc("/versions/", versions.Handler)
        log.Fatal(http.ListenAndServe(os.Getenv("LISTEN_ADDRESS"), nil))
}
```

相比上一章，本章的接口服务 main 函数多了一个用于处理/versions/的函数，名字叫 versions.Handler。读者现在应该已经对这样的写法很熟悉了，明白这是 versions 包的 Handler 函数。

接口服务的 versions 包

versions 包比较简单，只有 Handler 函数，其主要工作都是调用 es 包的函数来完成的，见例 3-2。

例 3-2 versions.Handler 函数

```
func Handler(w http.ResponseWriter, r *http.Request) {
        m := r.Method
        if m != http.MethodGet {
                w.WriteHeader(http.StatusMethodNotAllowed)
                return
        }
        from := 0
        size := 1000
        name := strings.Split(r.URL.EscapedPath(), "/")[2]
        for {
                metas, e := es.SearchAllVersions(name, from, size)
                if e != nil {
                        log.Println(e)
                        w.WriteHeader(http.StatusInternalServerError)
```

```
                return
        }
        for i := range metas {
                b, _ := json.Marshal(metas[i])
                w.Write(b)
                w.Write([]byte("\n"))
        }
        if len(metas) != size {
                return
        }
        from += size
    }
}
```

这个函数首先检查 HTTP 方法是否为 GET，如果不为 GET，则返回 405 Method Not Allowed；如果方法为 GET，则获取 URL 中<object_name>的部分，获取的方式跟之前一样，调用 strings.Split 函数将 URL 以"/"为分隔符切成数组并取第三个元素赋值给 name。这里要注意的是，如果客户端的 HTTP 请求的 URL 是"/versions/"而不含<object_name>部分，那么 name 就是空字符串。

接下来我们会在一个无限 for 循环中调用 es 包的 SearchAllVersions 函数并将 name、from 和 size 作为参数传递给该函数。from 从 0 开始，size 则固定为 1000。es.SearchAll Versions 函数会返回一个元数据的数组，我们遍历该数组，将元数据一一写入 HTTP 响应的正文。如果返回的数组长度不等于 size，说明元数据服务中没有更多的数据了，此时我们让函数返回；否则我们就把 from 的值增加 1000 进行下一个迭代。

es 包封装了我们访问元数据服务的各种 API 的操作，本章后续会有详细介绍。

接口服务的 objects 包

本章加入元数据服务以后，接口服务的 objects 包与上一章相比发生了较大的变化，除了多了一个对象的 DELETE 方法以外，对象的 PUT 和 GET 方法也都有所改变，它们需要跟元数据服务互动。首先让我们从 Handler 函数的改变开始看起，见例 3-3。

例 3-3　objects.Handler 函数

```go
func Handler(w http.ResponseWriter, r *http.Request) {
        m := r.Method
        if m == http.MethodPut {
                put(w, r)
                return
        }
        if m == http.MethodGet {
                get(w, r)
                return
        }
        if m == http.MethodDelete {
                del(w, r)
                return
        }
        w.WriteHeader(http.StatusMethodNotAllowed)
}
```

可以看到，跟上一章相比，在 Handler 里多出了对 DELETE 方法的处理函数 del。其具体实现见例 3-4。

例 3-4　objects.del 函数

```go
func del(w http.ResponseWriter, r *http.Request) {
        name := strings.Split(r.URL.EscapedPath(), "/")[2]
        version, e := es.SearchLatestVersion(name)
        if e != nil {
                log.Println(e)
                w.WriteHeader(http.StatusInternalServerError)
                return
        }
        e = es.PutMetadata(name, version.Version+1, 0, "")
        if e != nil {
```

```
        log.Println(e)
        w.WriteHeader(http.StatusInternalServerError)
        return
    }
}
```

　　del 函数用同样的方式从 URL 中获取<object_name>并赋值给 name。然后它以 name 为参数调用 es.SearchLatestVersion，搜索该对象最新的版本。接下来函数调用 es.PutMetadata 插入一条新的元数据。es.PutMetadata 接受 4 个输入参数，分别是元数据的 name、version、size 和 hash。我们可以看到，函数参数中 name 就是对象的名字，version 就是该对象最新版本号加 1，size 为 0，hash 为空字符串，以此表示这是一个删除标记。

　　objects 包 put 相关的函数见例 3-5。

例 3-5　objects 包 put 相关函数

```
func put(w http.ResponseWriter, r *http.Request) {
        hash := utils.GetHashFromHeader(r.Header)
        if hash == "" {
                log.Println("missing object hash in digest header")
                w.WriteHeader(http.StatusBadRequest)
                return
        }

        c, e := storeObject(r.Body, url.PathEscape(hash))
        if e != nil {
                log.Println(e)
                w.WriteHeader(c)
                return
        }
        if c != http.StatusOK {
                w.WriteHeader(c)
                return
```

```
        }

        name := strings.Split(r.URL.EscapedPath(), "/")[2]
        size := utils.GetSizeFromHeader(r.Header)
        e = es.AddVersion(name, hash, size)
        if e != nil {
                log.Println(e)
                w.WriteHeader(http.StatusInternalServerError)
        }
}


func GetHashFromHeader(h http.Header) string {
        digest := h.Get("digest")
        if len(digest) < 9 {
                return ""
        }
        if digest[:8] != "SHA-256=" {
                return ""
        }
        return digest[8:]
}


func GetSizeFromHeader(h http.Header) int64 {
        size, _ := strconv.ParseInt(h.Get("content-length"), 0, 64)
        return size
}
```

在第 2 章中，我们以<object_name>为参数调用 storeObject。而本章我们首先调用
utils.GetHashFromHeader 从 HTTP 请求头部获取对象的散列值，然后以散列值为参数
调用 storeObject。之后我们从 URL 中获取对象的名字并且调用 utils.GetSizeFromHeader
从 HTTP 请求头部获取对象的大小，然后以对象的名字、散列值和大小为参数调用
es.AddVersion 给该对象添加新版本。

GetHashFromHeader 和 GetSizeFromHeader 是 utils 包提供的两个函数。

GetHashFromHeader 函数首先调用 h.Get 获取"digest"头部。r 的类型我们在第 1 章已经介绍过了，是一个指向 http.Request 的指针。它的 Header 成员类型则是一个 http.Header，用于记录 HTTP 的头部，其 Get 方法用于根据提供的参数获取相对应的头部的值。在这里，我们获取的就是 HTTP 请求中 digest 头部的值。我们检查该值的形式是否为"SHA-256=<hash>"，如果不是以"SHA-256="开头我们返回空字符串，否则返回其后的部分。

同样，GetSizeFromHeader 也是调用 h.Get 获取"content-length"头部，并调用 strconv.ParseInt 将字符串转化为 int64 输出。strconv.ParseInt 和例 3-6 中 strconv.Atoi 这两个函数的作用都是将一个字符串转换成一个数字。它们的区别在于 ParseInt 返回的类型是 int64 而 Atoi 返回的类型是 int，且 ParseInt 的功能更加复杂，它额外的输入参数用于指定转换时的进制和结果的比特长度。比如说 ParseInt 可以将一个字符串"0xFF"以十六进制的方式转换为整数 255，而 Atoi 则只能将字符串"255"转换为整数 255。

objects.get 函数的变化见例 3-6。

例 3-6　objects.get 函数

```
func get(w http.ResponseWriter, r *http.Request) {
        name := strings.Split(r.URL.EscapedPath(), "/")[2]
        versionId := r.URL.Query()["version"]
        version := 0
        var e error
        if len(versionId) != 0 {
                version, e = strconv.Atoi(versionId[0])
                if e != nil {
                        log.Println(e)
                        w.WriteHeader(http.StatusBadRequest)
                        return
                }
        }
```

```
meta, e := es.GetMetadata(name, version)
if e != nil {
        log.Println(e)
        w.WriteHeader(http.StatusInternalServerError)
        return
}
if meta.Hash == "" {
        w.WriteHeader(http.StatusNotFound)
        return
}
object := url.PathEscape(meta.Hash)
stream, e := getStream(object)
if e != nil {
        log.Println(e)
        w.WriteHeader(http.StatusNotFound)
        return
}
io.Copy(w, stream)
}
```

跟第 2 章相比，本章的 objects.get 函数从 URL 获取了对象的名字之后还需要从 URL 的查询参数中获取 "version" 参数的值。r.URL 的类型是*url.URL，它是指向 url.URL 结构体的指针。url.URL 结构体的 Query 方法会返回一个保存 URL 所有查询参数的 map，该 map 的键是查询参数的名字，而值则是一个字符串数组，这是因为 HTTP 的 URL 查询参数允许存在多个值。以 "version" 为 key 就可以得到 URL 中该查询参数的所有值，然后赋值给 versionId 变量。如果 URL 中并没有 "version" 这个查询参数，versionId 变量则是空数组。由于我们不考虑多个 "version" 查询参数的情况，所以我们始终以 versionId 数组的第一个元素作为客户端提供的版本号，并将其从字符串转换为整型赋值给 version 变量。

然后我们以对象的名字和版本号为参数调用 es.GetMetadata，得到对象的元数据 meta。meta.Hash 就是对象的散列值。如果散列值为空字符串说明该对象该版本是一个删除标记，我们返回 404 Not Found；否则以散列值为对象名从数据服务层获取对象并输出。getStream 函数我们在上一章已经介绍过了，本章略。

3.3.2　es 包

我们的 es 包封装了以 HTTP 访问 ES 的各种 API 的操作，由于代码较长不能全部列出，我们在这里只列出了本章用到的一部分函数和结构体，首先是 getMetadata，见例 3-7。

例 3-7　es.getMetadata 函数

```
type Metadata struct {
        Name      string
        Version   int
        Size      int64
        Hash      string
}


func getMetadata(name string, versionId int) (meta Metadata, e error) {
        url := fmt.Sprintf("http://%s/metadata/objects/%s_%d/_source",
                os.Getenv("ES_SERVER"), name, versionId)
        r, e := http.Get(url)
        if e != nil {
                return
        }
        if r.StatusCode != http.StatusOK {
                e = fmt.Errorf("fail to get %s_%d: %d", name, versionId,
r.StatusCode)
                return
        }
        result, _ := ioutil.ReadAll(r.Body)
        json.Unmarshal(result, &meta)
        return
}
```

    getMetadata 用于根据对象的名字和版本号来获取对象的元数据，其 URL 中的服务器地址来自环境变量 ES_SERVER，索引是 metadata，类型是 objects，文档的 id 由对象的名字和版本号拼接而成。通过这种方式 GET 这个 URL 可以直接获取该对象的元数据，这样就免除了耗时的搜索操作。ES 返回的结果经过 JSON 解码后被 es、SearchLatestVerson 函数的实现见例 3-8，保存在 meta 变量返回。meta 的类型是 Metadata 结构体，其结构和 ES 映射中定义的 objects 类型的属性一一对应，同样是包含 Name、Version、Size 和 Hash。

例 3-8　es.SearchLatestVersion 函数

```
type hit struct {
        Source Metadata `json:"_source"`
}


type searchResult struct {
        Hits struct {
                Total int
                Hits  []hit
        }
}


func SearchLatestVersion(name string) (meta Metadata, e error) {
        url := fmt.Sprintf("http://%s/metadata/_search?q=name: %s&size=
1&sort=
    version:desc",os.Getenv("ES_SERVER"), url.PathEscape (name)
        r, e := http.Get(url)
        if e != nil {
                return
        }
        if r.StatusCode != http.StatusOK {
                e = fmt.Errorf("fail to search latest metadata: %d",
r.StatusCode)
                return
        }
        result, _ := ioutil.ReadAll(r.Body)
```

```
    var sr searchResult
    json.Unmarshal(result, &sr)
    if len(sr.Hits.Hits) != 0 {
            meta = sr.Hits.Hits[0].Source
    }
    return
}
```

例 3-8 显示了 es 包的 SearchLatestVersion 函数，它以对象的名字为参数，调用 ES 搜索 API。它在 URL 中指定了对象的名字，且版本号以降序排列只返回第一个结果。ES 返回的结果被 JSON 解码到一个 searchResult 结构体，这个结构体和 ES 搜索 API 返回的结构保持一致，以方便我们读取搜索到的元数据并赋值给 meta 返回。如果 ES 返回的结果长度为 0，说明没有搜到相对应的元数据，我们直接返回。此时 meta 中各属性都为初始值：字符串为空字符串" "，整型为 0。

es.GetMetadata 函数的实现见例 3-9。

例 3-9　es.GetMetadata 函数

```
func GetMetadata(name string, version int) (Metadata, error) {
    if version == 0 {
            return SearchLatestVersion(name)
    }
    return getMetadata(name, version)
}
```

GetMetadata 函数的功能类似 getMetadata，输入对象的名字和版本号返回对象，区别在于当 version 为 0 时，我们会调用 SearchLatestVersion 获取当前最新的版本。

es.PutMetadata 函数的实现见例 3-10。

例 3-10　es.PutMetadata 函数

```
func PutMetadata(name string, version int, size int64, hash string)
error {
        doc := fmt.Sprintf(`{"name":"%s","version":%d,"size":%d,"hash":
```

```
"%s"}`,name, version, size, hash)
        client := http.Client{}
        url := fmt.Sprintf("http://%s/metadata/objects/%s_%d?op_type=
create",os.Getenv("ES_SERVER"), name, version)
        request, _ := http.NewRequest("PUT", url, strings.NewReader(doc))
        r, e := client.Do(request)
        if e != nil {
                return e
        }
        if r.StatusCode == http.StatusConflict {
                return PutMetadata(name, version+1, size, hash)
        }
        if r.StatusCode != http.StatusCreated {
                result, _ := ioutil.ReadAll(r.Body)
                return fmt.Errorf("fail to put metadata: %d %s",
r.StatusCode, string(result))
        }
        return nil
}
```

PutMetadata 函数用于向 ES 服务上传一个新的元数据。它的 4 个输入参数对应元数据的 4 个属性，函数会将它们拼成一个 ES 文档，一个 ES 的文档相当于数据库的一条记录。我们用 PUT 方法把这个文档上传到 metadata 索引的 objects 类型，且文档 id 由元数据的 name 和 version 拼成，方便我们 GET。

我们使用了 op_type=create 参数，如果同时有多个客户端上传同一个元数据，结果会发生冲突，只有第一个文档被成功创建。之后的 PUT 请求，ES 会返回 409 Conflict。此时，我们的函数会让版本号加 1 并递归调用自身继续上传。

es.AddVersion 函数的实现见例 3-11。

例 3-11　es.AddVersion 函数

```
func AddVersion(name, hash string, size int64) error {
        version, e := SearchLatestVersion(name)
```

```
        if e != nil {
                return e
        }
        return PutMetadata(name, version.Version+1, size, hash)
}
```

AddVersion 函数首先调用 SearchLatestVersion 获取对象最新的版本，然后在版本号上加 1 调用 PutMetadata。

es.SearchAllVersions 函数的实现见例 3-12。

例 3-12　es.SearchAllVersions 函数

```
func SearchAllVersions(name string, from, size int) ([]Metadata, error) {
        url := fmt.Sprintf("http://%s/metadata/_search?sort=name,version&from=
%d&size=%d",os.Getenv("ES_SERVER"), from, size)
        if name != "" {
                url += "&q=name:" + name
        }
        r, e := http.Get(url)
        if e != nil {
                return nil, e
        }
        metas := make([]Metadata, 0)
        result, _ := ioutil.ReadAll(r.Body)
        var sr searchResult
        json.Unmarshal(result, &sr)
        for i := range sr.Hits.Hits {
                metas = append(metas, sr.Hits.Hits[i].Source)
        }
        return metas, nil
}
```

SearchAllVersions 函数用于搜索某个对象或所有对象的全部版本。它的输入参数 name 表示对象的名字，如果 name 不为空字符串则搜索指定对象的所有版本，否则搜索所有对象的全部版本。输入参数 from 和 size 指定分页的显示结果，其功能和 ES 搜索 API 的 from 和 size 参数一致。搜索的结果按照对象的名字和版本号排序，并被保存在 Metadata 的数组里用于返回。

Go 语言的实现已经全部介绍完成，接下来我们需要进行功能测试来验证我们的系统能否正常工作。

『 3.4 功能测试 』

保持第 2 章的环境设置不变。同时，我们让之前的 RabbitMQ 服务器（10.29.102.173）兼任 ES 服务器，在其上安装 elasticsearch。

```
$ sudo apt-get install elasticsearch
```

在作者的机器上 elasticsearch 包自带的启动脚本有点问题，没能正常启动 ES，让我们手动启动。

```
$ sudo /usr/share/elasticsearch/bin/elasticsearch > /dev/null &
```

元数据服务启动以后，我们还需要在其上创建 metadata 索引以及 objects 类型的映射。

```
$ curl 10.29.102.173:9200/metadata -XPUT -d'{"mappings":{"objects":
{"properties":{"name":{"type":"string","index":"not analyzed"},"version":
{"type":"integer"}, "size":{"type":"integer"}, "hash":{"type":"string"}}}}}'
```

创建索引和映射的语法详见 ES 映射 API 其官方网站。

ES 服务器就绪。现在，和上一章一样，我们同时启动 8 个服务程序（注意 apiServer.go 的启动命令变了，增加了 ES_SERVER 环境变量的设置）。

```
$ export RABBITMQ_SERVER=amqp://test:test@10.29.102.173:5672
$ export ES_SERVER=10.29.102.173:9200
```

```
$ LISTEN_ADDRESS=10.29.1.1:12345 STORAGE_ROOT=/tmp/1 go run dataServer/
dataServer.go &
$ LISTEN_ADDRESS=10.29.1.2:12345 STORAGE_ROOT=/tmp/2 go run dataServer/
dataServer.go &
$ LISTEN_ADDRESS=10.29.1.3:12345 STORAGE_ROOT=/tmp/3 go run dataServer/
dataServer.go &
$ LISTEN_ADDRESS=10.29.1.4:12345 STORAGE_ROOT=/tmp/4 go run dataServer/
dataServer.go &
$ LISTEN_ADDRESS=10.29.1.5:12345 STORAGE_ROOT=/tmp/5 go run dataServer/
dataServer.go &
$ LISTEN_ADDRESS=10.29.1.6:12345 STORAGE_ROOT=/tmp/6 go run dataServer/
dataServer.go &

$ LISTEN_ADDRESS=10.29.2.1:12345 go run apiServer/apiServer.go &
$ LISTEN_ADDRESS=10.29.2.2:12345 go run apiServer/apiServer.go &
```

接下来我们用 curl 命令作为客户端来访问服务节点 10.29.2.2:12345，PUT 一个名为 test3 的对象。

```
$ curl -v 10.29.2.2:12345/objects/test3 -XPUT -d"this is object test3"
* Trying 10.29.2.2...
* Connected to 10.29.2.2 (10.29.2.2) port 12345 (#0)
> PUT /objects/test3 HTTP/1.1
> Host: 10.29.2.2:12345
> User-Agent: curl/7.47.0
> Accept: */*
> Content-Length: 20
> Content-Type: application/x-www-form-urlencoded
>
* upload completely sent off: 20 out of 20 bytes
< HTTP/1.1 400 Bad Request
< Date: Mon, 03 Jul 2017 09:37:53 GMT
< Content-Length: 0
< Content-Type: text/plain; charset=utf-8
```

```
    <
    * Connection #0 to host 10.29.2.2 left intact
```

这里出现 400 错误是因为我们没有提供对象的散列值。我们可以用 openssl 命令轻松计算出这个对象的散列值。

```
    $ echo -n "this is object test3" | openssl dgst -sha256 -binary | base64
    GYqqAdFPt+CScnUDc0/Gcu3kwcWmOADKNYpiZtdbgsM=
```

现在我们把散列值加入 PUT 请求的 Digest 头部。

```
    $ curl -v 10.29.2.2:12345/objects/test3 -XPUT -d"this is object test3"
 -H "Digest: SHA-256=GYqqAdFPt+CScnUDc0/Gcu3kwcWmOADKNYpiZtdbgsM="
    * Trying 10.29.2.2...
    * Connected to 10.29.2.2 (10.29.2.2) port 12345 (#0)
    > PUT /objects/test3 HTTP/1.1
    > Host: 10.29.2.2:12345
    > User-Agent: curl/7.47.0
    > Accept: */*
    > Digest: SHA-256=GYqqAdFPt+CScnUDc0/Gcu3kwcWmOADKNYpiZtdbgsM=
    > Content-Length: 20
    > Content-Type: application/x-www-form-urlencoded
    >
    * upload completely sent off: 20 out of 20 bytes
    < HTTP/1.1 200 OK
    < Date: Mon, 03 Jul 2017 09:41:10 GMT
    < Content-Length: 0
    < Content-Type: text/plain; charset=utf-8
    <
    * Connection #0 to host 10.29.2.2 left intact
```

接下来我们往 10.29.2.1 这个节点 PUT 一个 test3 的新版本。

```
    $ echo -n "this is object test3 version 2" | openssl dgst -sha256 -binary
 | base64
```

```
cAPvsxZe1PR54zIESQy0BaxC1pYJIvaHSF3qEOZYYIo=
```

```
$ curl -v 10.29.2.1:12345/objects/test3 -XPUT -d"this is object test3
version 2" -H "Digest: SHA-256=cAPvsxZe1PR54zIESQy0BaxC1pYJIvaHSF3qEOZYYIo="
*   Trying 10.29.2.1...
* Connected to 10.29.2.1 (10.29.2.1) port 12345 (#0)
> PUT /objects/test3 HTTP/1.1
> Host: 10.29.2.1:12345
> User-Agent: curl/7.47.0
> Accept: */*
> Digest: SHA-256=cAPvsxZe1PR54zIESQy0BaxC1pYJIvaHSF3qEOZYYIo=
> Content-Length: 30
> Content-Type: application/x-www-form-urlencoded
>
* upload completely sent off: 30 out of 30 bytes
< HTTP/1.1 200 OK
< Date: Mon, 03 Jul 2017 13:05:48 GMT
< Content-Length: 0
< Content-Type: text/plain; charset=utf-8
<
* Connection #0 to host 10.29.2.1 left intact
```

现在我们一共上传了两个 test3 对象，其散列值分别是 "GYqqAdFPt+CScnUDc0/Gcu3kwcWmOADKNYpiZtdbgsM=" 和 "cAPvsxZe1PR54zIESQy0BaxC1pYJIvaHSF3qEOZYYIo="。下面我们用 locate 命令看看它们分别被保存在哪个存储节点上。

```
$ curl 10.29.2.1:12345/locate/GYqqAdFPt+CScnUDc0%2FGcu3kwcWmOADKNYpi
ZtdbgsM=
"10.29.1.6:12345"
```

```
$ curl 10.29.2.1:12345/locate/cAPvsxZe1PR54zIESQy0BaxC1pYJIvaHSF3qEO
ZYYIo=
"10.29.1.3:12345"
```

注意我们的 URL 中需要定位的散列值是经过转义的，原因在第 1 章说过了。

现在让我们查看一下 test3 对象的版本。

```
$ curl 10.29.2.1:12345/versions/test3
{"Name":"test3","Version":1,"Size":20,"Hash":"GYqqAdFPt+CScnUDc0/Gc
u3kwcWmOADKNYpiZtdbgsM="}
{"Name":"test3","Version":2,"Size":30,"Hash":"cAPvsxZe1PR54zIESQy0B
axC1pYJIvaHSF3qEOZYYIo="}
```

很好，test3 对象现在一共有两个版本，让我们用 GET 方法获取它们。

```
$ curl 10.29.2.1:12345/objects/test3?version=1
this is object test3

$ curl 10.29.2.1:12345/objects/test3
this is object test3 version 2
```

现在让我们删除 test3 对象。

```
$ curl -v 10.29.2.1:12345/objects/test3 -XDELETE
* Trying 10.29.2.1...
* Connected to 10.29.2.1 (10.29.2.1) port 12345 (#0)
> DELETE /objects/test3 HTTP/1.1
> Host: 10.29.2.1:12345
> User-Agent: curl/7.47.0
> Accept: */*
>
< HTTP/1.1 200 OK
< Date: Mon, 03 Jul 2017 13:33:33 GMT
< Content-Length: 0
< Content-Type: text/plain; charset=utf-8
<
* Connection #0 to host 10.29.2.1 left intact
```

```
$ curl -v 10.29.2.1:12345/objects/test3
*   Trying 10.29.2.1...
* Connected to 10.29.2.1 (10.29.2.1) port 12345 (#0)
> GET /objects/test3 HTTP/1.1
> Host: 10.29.2.1:12345
> User-Agent: curl/7.47.0
> Accept: */*
>
< HTTP/1.1 404 Not Found
< Date: Mon, 03 Jul 2017 13:33:48 GMT
< Content-Length: 0
< Content-Type: text/plain; charset=utf-8
<
* Connection #0 to host 10.29.2.1 left intact
```

对象被删除后，我们的 GET 请求返回 404 Not Found。此时再次查看 test3 的版本。

```
$ curl 10.29.2.1:12345/versions/test3
{"Name":"test3","Version":1,"Size":20,"Hash":"GYqqAdFPt+CScnUDc0/Gc
u3kwcWmOADKNYpiZtdbgsM="}
{"Name":"test3","Version":2,"Size":30,"Hash":"cAPvsxZe1PR54zIESQy0B
axC1pYJIvaHSF3qEOZYYIo="}
{"Name":"test3","Version":3,"Size":0,"Hash":""}
```

我们可以发现虽然从接口服务看 test3 对象已经不存在，但是在元数据服务中现在有 3 个版本，最新的那个版本的 Size 为 0，Hash 为空字符串。

而且我们依然可以指定版本号获取 test3 的旧版本。

```
$ curl 10.29.2.1:12345/objects/test3?version=1
this is object test3
```

```
$ curl 10.29.2.1:12345/objects/test3?version=2
this is object test3 version 2
```

『 3.5　小结 』

我们在本章加入了对象存储服务的最后一块主要拼图：元数据服务。有了元数据服务，我们可以在不实际删除数据的情况下实现对象的删除功能；我们可以实现对象的版本控制；我们还确保了对象数据的一致性和 GET 方法的幂等性。这些都是因为元数据服务可以保存对象的元数据。

本章的接口服务会要求客户端提供对象的散列值作为其全局唯一的标识符，也就是数据服务存储的对象名，但是我们没有对这个散列值进行校验，用户提供的对象散列值和数据有可能是不一致的，产生不一致的原因有很多，我们会在下一章详细介绍，并把数据校验加入我们的服务。

在第 2 章，我们简单介绍过对象存储服务中一个极其重要的概念：去重。但是由于当时设计的限制，我们无法实现去重。现在有了本章的元数据服务，去重的前期准备工作已就绪，我们会在下一章着手实现它。

第 4 章

数据校验和去重

我们在上一章给对象存储系统添加了一个重要的组件：元数据服务。有了元数据服务，我们就可以将对象的散列值作为数据服务层对象的名字进行引用。我们将在本章介绍和实现对客户端提供的散列值进行数据校验的原因和方法，并实现对象存储的去重功能。同时，本章还会对数据服务的对象定位性能进行优化。

『 4.1　何为去重 』

去重是一种消除重复数据多余副本的数据压缩技术。对于一个对象存储系统来说，通常都会有来自不同（或相同）用户的大量重复数据。如果没有去重，每一份重复的数据都会占据我们的存储空间。去重能够让重复数据在系统中只保留一个实体，是一个极好的节省存储空间、提升存储利用率的技术。

一个很常见的去重的例子是邮件的转发。假设某个邮件内含一个大小为 1MB 的附件，如果该邮件被转发了 100 次，那么邮件服务器上就保存了 100 个一模一样的附件，总共占用 100MB 的空间。每次管理员对该邮件服务器进行云备份，都会上传 100 个一模一样的附件对象到对象存储系统。如果这个对象存储系统使用了数据去重技术，那么无论这个管理员备份多少次，在对象存储系统中，这个附件所代表的对象就只有一份。

本书实现的去重基于对象的全局唯一标识符，也就是通过对该对象的散列值进行单例检查（Single Instance Storage，SIS）来实现。具体来说，每次当接口服务节点接收到对象的 PUT 请求之后，我们都会进行一次定位，如果 PUT 对象的散列值已经存在于数据服务中，我们就会跳过之后的数据服务 PUT 请求，直接生成该对象的新版本插入元数据服务；如果 PUT 对象的散列值不存在于数据服务中，说明这是一个全新的对象。接口服务会读取 PUT 请求的正文，写入数据服务。

但是在实现去重之前，我们还有一个步骤要做，就是数据校验。

4.1.1　需要数据校验的原因

一般来说，客户端上传的数据不一致可能由以下几种情况导致。

- 客户端是一个恶意客户端，故意上传不一致的数据给服务器。
- 客户端有 bug，计算出来的数据是错误的。
- 客户端计算的数据正确，但是传输过程中发生了错误。

对象存储是一个服务，如果我们全盘接收来自客户端的数据，而不对这个散列值进行校验，那么恶意客户端就可以通过随意编造散列值的方式上传大量内容和散列值不符的对象来污染我们的数据；且即使是善意的客户端也难免因为软件错误或上传的数据损坏而导致对象数据和散列值不符。如果我们不对数据进行校验，允许错误的对象数据被保存在系统中，那么当另一个用户上传的数据的散列值恰好跟错误数据的相同时，就会因为 SIS 检查而导致其数据并没有被真正上传。然后当这个用户需要下载自己的对象时，下载到的就会是那个错误的数据。

为了防止这种情况发生，我们必须进行数据校验，验证客户端提供的散列值和我们自己根据对象数据计算出来的散列值是否一致。有了数据校验，我们才能确保数据服务中保存的对象数据和散列值一致，然后放心对后续上传的对象根据散列值进行去重。

那么现在问题来了：一直以来我们都是以数据流的形式处理来自客户端的请

求，接口服务调用 io.Copy 从对象 PUT 请求的正文中直接读取对象数据并写入数据服务。这是因为客户端上传的对象大小可能超出接口服务节点的内存，我们不能把整个对象读入内存后再进行处理。而现在我们必须等整个对象都上传完以后才能算出散列值，然后才能决定是否要存进数据服务。这就形成了一个悖论：在客户端的对象完全上传完毕之前，我们不知道要不要把这个对象写入数据服务；但是等客户端的对象上传完毕之后再开始写入我们又做不到，因为对象可能太大，内存里根本放不下。

有些读者看到这里，心里可能会想：要解决这个悖论太容易了，只需要在数据服务节点进行数据校验，将校验一致的对象保留，不一致的删除不就可以了吗？这样的设计在本章是没问题的。在数据服务节点上进行数据校验的前提是数据服务节点上的数据和用户上传的数据完全相同，本章的设计满足这个前提。但是我们在本书的后续章节中会看到，随着对象存储系统的不断完善，最终我们保存在数据服务节点上的对象数据和用户上传的对象数据可能截然不同。那时，我们就无法在数据服务节点上进行数据校验。数据校验这一步骤必须在接口服务节点完成。

4.1.2　实现数据校验的方法

为了真正解决上述矛盾，我们需要在数据服务上提供对象的缓存功能，接口服务不需要将用户上传的对象缓存在自身节点的内存里，而是传输到某个数据服务节点的一个临时对象里，并在传输数据的同时计算其散列值。当整个数据传输完毕以后，散列值计算也同步完成，如果一致，接口节点需要将临时对象转成正式对象；如果不一致，则将临时对象删除。

⌈ 4.2　给数据服务加入缓存功能 ⌋

本章接口服务的功能没有发生变化，数据服务删除了 objects 接口的 PUT 方法并新增了 temp 接口的 POST、PATCH、PUT、DELETE 4 种方法作为替代。

4.2.1 数据服务的 REST 接口

```
POST /temp/<hash>
```

请求头部

● Size: <需要缓存的对象的大小>

响应正文

● uuid

接口服务以 POST 方法访问数据服务 temp 接口，在 URL 的<hash>部分指定对象散列值，并提供一个名为 size 的 HTTP 请求头部，用于指定对象的大小。这会在数据服务节点上创建一个临时对象。该接口返回一个随机生成的 uuid（见其官方网站）用以标识这个临时对象，后续操作通过 uuid 进行。

```
PATCH /temp/<uuid>
```

请求正文

● 对象的内容

接口服务以 PATCH 方法访问数据服务节点上的临时对象，HTTP 请求的正文会被写入该临时对象。

```
PUT /temp/<uuid>
```

接口服务数据校验一致，调用 PUT 方法将该临时文件转正。

```
DELETE /temp/<uuid>
```

接口服务数据校验不一致，调用 DELETE 方法将该临时文件删除。

4.2.2 对象 PUT 流程

对象 PUT 流程见图 4-1。

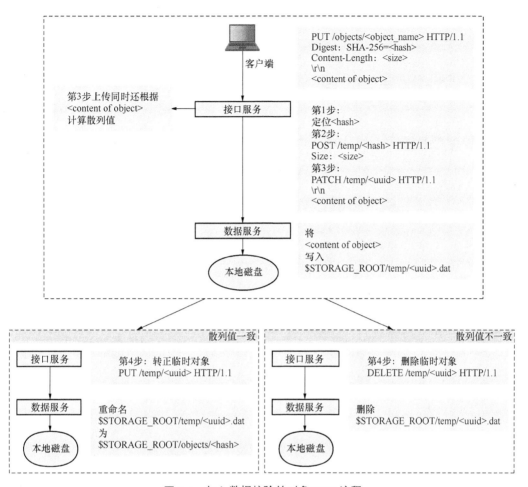

图 4-1　加入数据校验的对象 PUT 流程

　　客户端在 PUT 对象时需要提供对象的散列值和大小。接口服务首先在数据服务层定位散列值，如果已经存在，则直接添加元数据；如果不存在，则用 POST 方法访问数据服务节点的 temp 接口，提供对象的散列值和大小。数据服务节点返回一个 uuid。然后接口服务用 PATCH 方法将客户端的数据上传给数据服务，同时计算数据的散列值。客户端数据上传完毕后核对计算出的散列值和客户端提供的散列值是否一致，如果一致则用 PUT 方法将临时对象转正；否则用 DELETE 方法删除临时对象。临时对象的内容首先被保存在数据服务本地磁盘的$STORAGE_ROOT/temp/<uuid>.dat 文件，转正后会被重命名为$STORAGE_ROOT/objects/<hash>文件。

本章对象 GET 流程相比上一章没有发生很大的变化。

「 4.3 Go 语言实现 」

4.3.1 接口服务

由于对象 GET 流程不变，仅 PUT 流程发生了变化，我们的接口服务也只修改了 objects.put 部分相关函数，见例 4-1。

例 4-1 objects.put 相关函数

```go
func put(w http.ResponseWriter, r *http.Request) {
        hash := utils.GetHashFromHeader(r.Header)
        if hash == "" {
                log.Println("missing object hash in digest header")
                w.WriteHeader(http.StatusBadRequest)
                return
        }

        size := utils.GetSizeFromHeader(r.Header)
        c, e := storeObject(r.Body, hash, size)
        if e != nil {
                log.Println(e)
                w.WriteHeader(c)
                return
        }
        if c != http.StatusOK {
                w.WriteHeader(c)
                return
        }

        name := strings.Split(r.URL.EscapedPath(), "/")[2]
```

```go
        e = es.AddVersion(name, hash, size)
        if e != nil {
                log.Println(e)
                w.WriteHeader(http.StatusInternalServerError)
        }
}


func storeObject(r io.Reader, hash string, size int64) (int, error) {
        if locate.Exist(url.PathEscape(hash)) {
                return http.StatusOK, nil
        }

        stream, e := putStream(url.PathEscape(hash), size)
        if e != nil {
                return http.StatusInternalServerError, e
        }

        reader := io.TeeReader(r, stream)
        d := utils.CalculateHash(reader)
        if d != hash {
                stream.Commit(false)
                return    http.StatusBadRequest,    fmt.Errorf("object
hash mismatch, calculated=%s, requested=%s", d, hash)
        }
        stream.Commit(true)
        return http.StatusOK, nil
}


func CalculateHash(r io.Reader) string {
        h := sha256.New()
        io.Copy(h, r)
        return base64.StdEncoding.EncodeToString(h.Sum(nil))
}
```

```
func putStream(hash string, size int64) (*objectstream.TempPutStream,
error) {
        server := heartbeat.ChooseRandomDataServer()
        if server == "" {
                return nil, fmt.Errorf("cannot find any dataServer")
        }

        return objectstream.NewTempPutStream(server, hash, size)
}
```

跟第 3 章的实现相比，put 函数唯一的区别在于 storeObject 多了一个 size 参数。这是因为我们新的 PUT 流程需要在一开始就确定临时对象的大小。

storeObject 函数首先调用 locate.Exist 定位对象的散列值，如果已经存在，则跳过后续上传操作直接返回 200 OK；否则调用 putStream 生成对象的写入流 stream 用于写入。注意，这里进行定位的散列值和之后作为参数调用 putStream 的散列值都经过 url.PathEscape 的处理，原因在之前的章节已经讲过，是为了确保这个散列值可以被放在 URL 中使用。

io.TeeReader 的功能类似 Unix 的 tee 命令。它有两个输入参数，分别是作为 io.Reader 的 r 和作为 io.Writer 的 stream，它返回的 reader 也是一个 io.Reader。当 reader 被读取时，其实际的内容读取自 r，同时会写入 stream。我们用 utils.CalculateHash 从 reader 中读取数据的同时也写入了 stream。

utils.CalculateHash 函数调用 sha256.New 生成的变量 h，类型是 sha256.digest 结构体，实现的接口则是 hash.Hash。io.Copy 从参数 r 中读取数据并写入 h，h 会对写入的数据计算其散列值，这个散列值可以通过 h.Sum 方法读取。我们从 h.Sum 读取到的散列值是一个二进制的数据，还需要用 base64.StdEncoding.Encode ToString 函数进行 Base64 编码，然后跟对象的散列值 hash 进行比较，如果不一致，则调用 stream. Commit (false) 删除临时对象，并返回 400 Bad Request；如果一致，则调用 stream.Commit (true) 将临时对象转正并返回 200 OK。

putStream 唯一的变化在于：第 2 章的 putStream 调用 objectstream.NewPutStream 生成一个对象的写入流，而本章的 putStream 调用的则是 objectstream.NewTemp PutStream，这是因为数据服务的 temp 接口代替了原先的对象 PUT 接口。TempPutStream 相关代码见例 4-2。

例 4-2 objectstream.TempPutStream 相关代码

```go
type TempPutStream struct {
        Server string
        Uuid string
}


func NewTempPutStream(server, hash string, size int64) (*TempPutStream,
error) {
        request, e := http.NewRequest("POST", "http://"+server+"/temp/
"+hash, nil)
        if e != nil {
                return nil, e
        }
        request.Header.Set("size", fmt.Sprintf("%d", size))
        client := http.Client{}
        response, e := client.Do(request)
        if e != nil {
                return nil, e
        }
        uuid, e := ioutil.ReadAll(response.Body)
        if e != nil {
                return nil, e
        }
        return &TempPutStream{server, string(uuid)}, nil
}


func (w *TempPutStream) Write(p []byte) (n int, err error) {
        request, e := http.NewRequest("PATCH", "http://"+w.Server+"/
```

```go
temp/ "+w.Uuid,strings.NewReader(string(p)))
        if e != nil {
                return 0, e
        }
        client := http.Client{}
        r, e := client.Do(request)
        if e != nil {
                return 0, e
        }
        if r.StatusCode != http.StatusOK {
                return 0, fmt.Errorf("dataServer return http code %d",
r.StatusCode)
        }
        return len(p), nil
    }


func (w *TempPutStream) Commit(good bool) {
        method := "DELETE"
        if good {
                method = "PUT"
        }
        request, _ := http.NewRequest(method, "http://"+w.Server+"/temp/
"+w.Uuid, nil)
        client := http.Client{}
        client.Do(request)
    }
```

　　TempPutStream 结构体包含 Server 和 Uuid 字符串。NewTempPutStream 函数的输入参数分别是 server，hash 和 size。server 参数表明了数据服务的节点地址，hash 和 size 分别是对象的散列值和大小。我们根据这些信息以 POST 方法访问数据服务的 temp 接口从而获得 uuid，并将 server 和 uuid 保存在 TempPutStream 结构体的相应属性中返回。

TempPutStream.Write 方法根据 Server 和 Uuid 属性的值，以 PATCH 方法访问数据服务的 temp 接口，将需要写入的数据上传。

TempPutStream.Commit 方法根据输入参数 good 决定用 PUT 还是 DELETE 方法访问数据服务的 temp 接口。

接口服务的变化就是这些，接下来我们来看看数据服务的实现。

4.3.2　数据服务

数据服务的 main 函数见例 4-3。

例 4-3　数据服务的 main 函数

```
func main() {
        locate.CollectObjects()
        go heartbeat.StartHeartbeat()
        go locate.StartLocate()
        http.HandleFunc("/objects/", objects.Handler)
        http.HandleFunc("/temp/", temp.Handler)
        log.Fatal(http.ListenAndServe(os.Getenv("LISTEN_ADDRESS"), nil))
}
```

和第 2 章相比我们的 main 函数多了一个 locate.CollectObjects 的函数调用并引入 temp.Handler 处理函数的注册。

数据服务的 locate 包是用来对节点本地磁盘上的对象进行定位的。在第 2 章，我们的定位通过调用 os.Stat 检查对象文件是否存在来实现。这样的实现意味着每次定位请求都会导致一次磁盘访问。这会对整个系统带来很大的负担。别忘了我们不止在 PUT 去重的时候需要进行一次定位，GET 的时候也一样要做，可以说定位是对象存储系统最频繁的操作。

为了减少对磁盘访问的次数，从而提高磁盘的性能，本章的数据服务定位功能仅在程序启动的时候扫描一遍本地磁盘，并将磁盘中所有的对象散列值读入内存，之后在定位的时候就不需要再次访问磁盘，只需要搜索内存就可以了。

数据服务的 locate 包

数据服务的 locate 包的实现见例 4-4。

例 4-4　数据服务的 locate 包

```go
var objects = make(map[string]int)
var mutex sync.Mutex

func Locate(hash string) bool {
        mutex.Lock()
        _, ok := objects[hash]
        mutex.Unlock()
        return ok
}

func Add(hash string) {
        mutex.Lock()
        objects[hash] = 1
        mutex.Unlock()
}

func Del(hash string) {
        mutex.Lock()
        delete(objects, hash)
        mutex.Unlock()
}

func StartLocate() {
        q := rabbitmq.New(os.Getenv("RABBITMQ_SERVER"))
        defer q.Close()
        q.Bind("dataServers")
```

```
            c := q.Consume()
            for msg := range c {
                    hash, e := strconv.Unquote(string(msg.Body))
                    if e != nil {
                            panic(e)
                    }
                    exist := Locate(hash)
                    if exist {
                            q.Send(msg.ReplyTo, os.Getenv("LISTEN_ADDRESS"))
                    }
            }
    }


    func CollectObjects() {
            files, _ := filepath.Glob(os.Getenv("STORAGE_ROOT") + "/objects/*")
            for i := range files {
                    hash := filepath.Base(files[i])
                    objects[hash] = 1
            }
    }
```

例 4-4 显示了数据服务的 locate 包的实现，函数中的包变量 objects 是一个以字符串为键，整型为值的 map，它用于缓存所有对象。mutex 互斥锁用于保护对 objects 的读写操作。Locate 函数利用 Go 语言的 map 操作判断某个散列值是否存在于 objects 中，如果存在返回 true，否则返回 false。

Add 函数用于将一个散列值加入缓存，其输入参数 hash 作为存入 map 的键，值为 1。

Del 函数则相反，用于将一个散列值移出缓存。

StartLocate 函数大半部分和第 2 章一样，第 2 章的 StartLocate 函数需要拼出完整的文件名作为 Locate 的参数，本章则直接将 RabbitMQ 消息队列里收到的对象散列值作为 Locate 参数。

CollectObjects 函数首先调用 filepath.Glob 读取$STORAGE_ROOT/objects/目录里

的所有文件，对这些文件一一调用 filepath.Base 获取其基本文件名，也就是对象的散列值，将它们加入 objects 缓存。

数据服务的 temp 包

首先是 Handler 函数，见例 4-5。

例 4-5　temp.Handler 函数

```go
func Handler(w http.ResponseWriter, r *http.Request) {
        m := r.Method
        if m == http.MethodPut {
                put(w, r)
                return
        }
        if m == http.MethodPatch {
                patch(w, r)
                return
        }
        if m == http.MethodPost {
                post(w, r)
                return
        }
        if m == http.MethodDelete {
                del(w, r)
                return
        }
        w.WriteHeader(http.StatusMethodNotAllowed)
}
```

Handler 函数针对访问 temp 接口的 HTTP 方法分别调用相应的处理函数 put、patch、post 和 del。

POST 方法的相关函数见例 4-6。

例 4-6　temp 包 post 相关函数

```
type tempInfo struct {
        Uuid string
        Name string
        Size int64
}


func post(w http.ResponseWriter, r *http.Request) {
        output, _ := exec.Command("uuidgen").Output()
        uuid := strings.TrimSuffix(string(output), "\n")
        name := strings.Split(r.URL.EscapedPath(), "/")[2]
        size, e := strconv.ParseInt(r.Header.Get("size"), 0, 64)
        if e != nil {
                log.Println(e)
                w.WriteHeader(http.StatusInternalServerError)
                return
        }
        t := tempInfo{uuid, name, size}
        e = t.writeToFile()
        if e != nil {
                log.Println(e)
                w.WriteHeader(http.StatusInternalServerError)
                return
        }
        os.Create(os.Getenv("STORAGE_ROOT") + "/temp/" + t.Uuid + ".dat")
        w.Write([]byte(uuid))
}


func (t *tempInfo) writeToFile() error {
        f, e := os.Create(os.Getenv("STORAGE_ROOT") + "/temp/" + t.Uuid)
        if e != nil {
                return e
        }
        defer f.Close()
        b, _ := json.Marshal(t)
```

```
        f.Write(b)
        return nil
    }
```

结构体 tempInfo 用于记录临时对象的 uuid、名字和大小。post 函数用于处理 HTTP 请求，它会生成一个随机的 uuid，从请求的 URL 获取对象的名字，也是散列值。从 Size 头部读取对象的大小，然后拼成一个 tempInfo 结构体，调用 tempInfo 的 writeToFile 方法将该结构体的内容写入磁盘上的文件。然后它还会在$STORAGE_ROOT/temp/目录里创建一个名为<uuid>.dat 的文件（<uuid>为实际生成的 uuid 的值），用于保存该临时对象的内容，最后将该 uuid 通过 HTTP 响应返回给接口服务。

tempInfo 的 writeToFile 方法会在$STORAGE_ROOT/temp/目录里创建一个名为<uuid>的文件，并将自身的内容经过 JSON 编码后写入该文件。注意，这个文件是用于保存临时对象信息的，跟用于保存对象内容的<uuid>.dat 是不同的两个文件。

接口服务在调用了 POST 方法之后会从数据服务获得一个 uuid，这意味着数据服务已经为这个临时对象做好了准备。之后接口服务还需要继续调用 PATCH 方法将数据上传，PATCH 方法相关函数见例 4-7。

例 4-7 temp 包 patch 相关函数

```
func patch(w http.ResponseWriter, r *http.Request) {
        uuid := strings.Split(r.URL.EscapedPath(), "/")[2]
        tempinfo, e := readFromFile(uuid)
        if e != nil {
                log.Println(e)
                w.WriteHeader(http.StatusNotFound)
                return
        }
        infoFile := os.Getenv("STORAGE_ROOT") + "/temp/" + uuid
        datFile := infoFile + ".dat"
        f, e := os.OpenFile(datFile, os.O_WRONLY|os.O_APPEND, 0)
        if e != nil {
                log.Println(e)
                w.WriteHeader(http.StatusInternalServerError)
```

```
                return
        }
        defer f.Close()
        _, e = io.Copy(f, r.Body)
        if e != nil {
                log.Println(e)
                w.WriteHeader(http.StatusInternalServerError)
                return
        }
        info, e := f.Stat()
        if e != nil {
                log.Println(e)
                w.WriteHeader(http.StatusInternalServerError)
                return
        }
        actual := info.Size()
        if actual > tempinfo.Size {
                os.Remove(datFile)
                os.Remove(infoFile)
                log.Println("actual    size", actual, "exceeds",
tempinfo.Size)
                w.WriteHeader(http.StatusInternalServerError)
        }
    }


func readFromFile(uuid string) (*tempInfo, error) {
        f, e := os.Open(os.Getenv("STORAGE_ROOT") + "/temp/" + uuid)
        if e != nil {
                return nil, e
        }
        defer f.Close()
        b, _ := ioutil.ReadAll(f)
        var info tempInfo
        json.Unmarshal(b, &info)
        return &info, nil
    }
```

  patch 函数首先获取请求 URL 的<uuid>部分，然后从相关信息文件中读取 tempInfo 结构体，如果找不到相关的信息文件，我们就返回 404 Not Found；如果相关信息文件存在，则用 os.OpenFile 打开临时对象的数据文件，并用 io.Copy 将请求的正文写入数据文件。写完后调用 f.Stat 方法获取数据文件的信息 info，用 info.Size 获取数据文件当前的大小，如果超出了 tempInfo 中记录的大小，我们就删除信息文件和数据文件并返回 500 Internal Server Error。

  readFromFile 函数的输入参数是 uuid，它用 os.Open 打开$STORAGE_ROOT/temp/<uuid>文件，读取其全部内容并经过 JSON 解码成一个 tempInfo 结构体返回。

  接口服务调用 PATCH 方法将整个临时对象上传完毕后，自己也已经完成了数据校验的工作，根据数据校验的结果决定是调用 PUT 方法将临时文件转正还是调用 DELETE 方法删除临时文件，PUT 方法相关函数见例 4-8。

  例 4-8　temp 包 put 相关函数

```go
func put(w http.ResponseWriter, r *http.Request) {
        uuid := strings.Split(r.URL.EscapedPath(), "/")[2]
        tempinfo, e := readFromFile(uuid)
        if e != nil {
                log.Println(e)
                w.WriteHeader(http.StatusNotFound)
                return
        }
        infoFile := os.Getenv("STORAGE_ROOT") + "/temp/" + uuid
        datFile := infoFile + ".dat"
        f, e := os.Open(datFile)
        if e != nil {
                log.Println(e)
                w.WriteHeader(http.StatusInternalServerError)
                return
        }
        defer f.Close()
        info, e := f.Stat()
        if e != nil {
```

```
                    log.Println(e)
                    w.WriteHeader(http.StatusInternalServerError)
                    return
            }
            actual := info.Size()
            os.Remove(infoFile)
            if actual != tempinfo.Size {
                    os.Remove(datFile)
                    log.Println("actual size mismatch, expect", tempinfo.Size,
"actual", actual)
                    w.WriteHeader(http.StatusInternalServerError)
                    return
            }
            commitTempObject(datFile, tempinfo)
    }

    func commitTempObject(datFile string, tempinfo *tempInfo) {
            os.Rename(datFile, os.Getenv("STORAGE_ROOT")+"/objects/"+
    tempinfo.Name)
            locate.Add(tempinfo.Name)
    }
```

和 patch 函数类似，put 函数一开始也是获取 uuid，打开信息文件读取 tempInfo 结构体，打开数据文件读取临时对象大小并进行比较，如果大小一致，则调用 commitTemp Object 将临时对象转正。

commitTempObject 函数会调用 os.Rename 将临时对象的数据文件改名为$STORAGE_ ROOT/objects/<hash>。<hash>是对象的名字，也是散列值。之后还会调用 locate.Add 将<hash>加入数据服务的对象定位缓存。

DELETE 方法相关函数见例 4-9。

例 4-9　temp.del 函数

```
func del(w http.ResponseWriter, r *http.Request) {
```

```
        uuid := strings.Split(r.URL.EscapedPath(), "/")[2]
        infoFile := os.Getenv("STORAGE_ROOT") + "/temp/" + uuid
        datFile := infoFile + ".dat"
        os.Remove(infoFile)
        os.Remove(datFile)
}
```

DELETE 方法相关函数只有 temp.del，它读取 uuid，并删除相应的信息文件和数据文件。

数据服务的 objects 包

数据服务除了新增 temp 包用于处理 temp 接口的请求以外，原来的 objects 包也需要进行改动，第一个改动的地方是删除 objects 接口的 PUT 方法，见例 4-10。

例 4-10 objects.Handler 函数

```
func Handler(w http.ResponseWriter, r *http.Request) {
        m := r.Method
        if m == http.MethodGet {
                get(w, r)
                return
        }
        w.WriteHeader(http.StatusMethodNotAllowed)
}
```

跟第 2 章的数据服务相比，本章的 objects.Handler 去除了处理 PUT 方法的 put 函数。这是因为现在数据服务的对象上传完全依靠 temp 接口的临时对象转正，所以不再需要 objects 接口的 PUT 方法。

第二个改动则是在读取对象时进行一次数据校验，见例 4-11。

例 4-11 objects.get 相关函数

```
func get(w http.ResponseWriter, r *http.Request) {
        file := getFile(strings.Split(r.URL.EscapedPath(), "/")[2])
```

```
        if file == "" {
                w.WriteHeader(http.StatusNotFound)
                return
        }
        sendFile(w, file)
}


func getFile(hash string) string {
        file := os.Getenv("STORAGE_ROOT") + "/objects/" + hash
        f, _ := os.Open(file)
        d := url.PathEscape(utils.CalculateHash(f))
        f.Close()
        if d != hash {
                log.Println("object hash mismatch, remove", file)
                locate.Del(hash)
                os.Remove(file)
                return ""
        }
        return file
}


func sendFile(w io.Writer, file string) {
        f, _ := os.Open(file)
        defer f.Close()
        io.Copy(w, f)
}
```

get 函数首先从 URL 中获取对象的散列值，然后以散列值为参数调用 getFile 获得对象的文件名 file，如果 file 为空字符串则返回 404 Not Found；否则调用 sendFile 将该对象文件的内容输出到 HTTP 响应。

getFile 函数的输入参数是对象的散列值<hash>，它根据这个参数找到$STORAGE_ROOT/ objects/<hash>对象文件，然后对这个对象的内容计算 SHA-256 散列值，并用 url.PathEscape 转义，最后得到的就是可用于 URL 的散列值字符串。我们将该字符串和对象的散列值进行比较，如果不一致则打印错误日志，并从缓存和磁盘上删除对象，返回空字符串；如果一致则返回对象的文件名。

sendFile 有两个输入参数，分别是用于写入对象数据的 w 和对象的文件名 file。它调用 os.Open 打开对象文件，并用 io.Copy 将文件的内容写入 w。

有读者可能要质疑这里的数据校验没有必要，因为在对象上传的时候已经在接口服务进行过数据校验了。事实上这里的数据校验是用于防止存储系统的数据降解，哪怕在上传时正确的数据也有可能随着时间的流逝而逐渐发生损坏，我们会在下一章介绍数据降解的成因。

对数据安全有要求的读者可能会进一步要求在临时文件转正时进行一次数据校验，以此来确保从接口服务传输过来的数据没有发生损坏。然而这一步骤仅在本章可行。我们在本章开头也讲过，随着我们的系统功能不断完善，最终保存在数据服务节点上的对象数据和用户的对象数据可能截然不同，我们无法根据用户对象的散列值校验数据服务节点上的对象数据。

〖 4.4 功能测试 〗

开始测试前记得先创建$STORAGE_ROOT/temp/目录。

```
$ for i in `seq 1 6`; do mkdir -p /tmp/$i/temp; done
```

我们用 curl 命令作为客户端来访问服务节点 10.29.2.1:12345，连续 PUT 多个名字不同而内容相同的对象。

```
$ echo -n "this object will have only 1 instance" | openssl dgst -sha256
-binary | base64
aWKQ2BipX94sb+h3xdTbWYAu1yzjn5vyFG2SOwUQIXY=

$ curl -v 10.29.2.1:12345/objects/test4_1 -XPUT -d "this object will have only
1 instance" -H "Digest: SHA-256=aWKQ2BipX94sb+h3xdTbWYAu1yzjn5vyFG2SOwUQIXY="
```

```
* Hostname was NOT found in DNS cache
* Trying 10.29.2.1...
* Connected to 10.29.2.1 (10.29.2.1) port 12345 (#0)
> PUT /objects/test4_1 HTTP/1.1
> User-Agent: curl/7.38.0
> Host: 10.29.2.1:12345
> Accept: */*
> Digest: SHA-256=aWKQ2BipX94sb+h3xdTbWYAu1yzjn5vyFG2SOwUQIXY=
> Content-Length: 37
> Content-Type: application/x-www-form-urlencoded
>
* upload completely sent off: 37 out of 37 bytes
< HTTP/1.1 200 OK
< Date: Thu, 03 Aug 2017 16:35:46 GMT
< Content-Length: 0
< Content-Type: text/plain; charset=utf-8
<
* Connection #0 to host 10.29.2.1 left intact

$ curl -v 10.29.2.1:12345/objects/test4_2 -XPUT -d "this object will
have only 1 instance" -H "Digest: SHA-256=aWKQ2BipX94sb+h3xdTbWYAu1
yzjn5vyFG2SOwUQIXY="
* Hostname was NOT found in DNS cache
*   Trying 10.29.2.1...
* Connected to 10.29.2.1 (10.29.2.1) port 12345 (#0)
> PUT /objects/test4_2 HTTP/1.1
> User-Agent: curl/7.38.0
> Host: 10.29.2.1:12345
> Accept: */*
> Digest: SHA-256=aWKQ2BipX94sb+h3xdTbWYAu1yzjn5vyFG2SOwUQIXY=
> Content-Length: 37
> Content-Type: application/x-www-form-urlencoded
>
* upload completely sent off: 37 out of 37 bytes
```

```
< HTTP/1.1 200 OK
< Date: Thu, 03 Aug 2017 16:36:19 GMT
< Content-Length: 0
< Content-Type: text/plain; charset=utf-8
<
* Connection #0 to host 10.29.2.1 left intact
```

我们可以用定位命令查看该对象被保存在哪个数据服务节点上。

```
$ curl 10.29.2.1:12345/locate/aWKQ2BipX94sb+h3xdTbWYAu1yzjn5vyFG2SOwUQIXY=
"10.29.1.1:12345"
```

我们还可以用 ls 命令访问各数据服务节点的$STORAGE_ROOT/objects 目录。

```
$ ls /tmp/?/objects/aWKQ2BipX94sb+h3xdTbWYAu1yzjn5vyFG2SOwUQIXY\=
/tmp/1/objects/aWKQ2BipX94sb+h3xdTbWYAu1yzjn5vyFG2SOwUQIXY=
```

可以看到仅在一个数据服务节点上存在 aWKQ2BipX94sb+h3xdTbWYAu1yzjn5vy FG2Sow UQIXY=文件（注意，在我们的测试环境中所有的数据服务节点运行都在同一个服务器上且存储根目录都在/tmp 的子目录里，所以可以使用"?"通配符。如果读者自己的测试环境跟我们不同，则需要分别访问相应的数据服务节点的存储根目录）。

尝试 GET 对象。

```
$ curl 10.29.2.1:12345/objects/test4_1
this object will have only 1 instance

$ curl 10.29.2.1:12345/objects/test4_2
this object will have only 1 instance
```

两个对象都可以 GET。

尝试 PUT 一个散列值不正确的对象。

```
$ curl -v 10.29.2.1:12345/objects/test4_1 -XPUT -d "this object will have
only 1 instance" -H "Digest: SHA-256=incorrecthash"
```

```
* Hostname was NOT found in DNS cache
* Trying 10.29.2.1...
* Connected to 10.29.2.1 (10.29.2.1) port 12345 (#0)
> PUT /objects/test4_1 HTTP/1.1
> User-Agent: curl/7.38.0
> Host: 10.29.2.1:12345
> Accept: */*
> Digest: SHA-256=incorrecthash
> Content-Length: 37
> Content-Type: application/x-www-form-urlencoded
>
* upload completely sent off: 37 out of 37 bytes
< HTTP/1.1 400 Bad Request
< Date: Thu, 03 Aug 2017 16:40:06 GMT
< Content-Length: 0
< Content-Type: text/plain; charset=utf-8
<
* Connection #0 to host 10.29.2.1 left intact
```

收到预期的 400 Bad Request。

4.5　去重导致的性能问题

有实际动手兴趣的读者在功能测试的时候应该已经发现了，我们的系统在第一次 PUT 对象时等待了约 1s。这是我们 locate 定位的超时时间。为了去重，每一个新对象上传时都不得不等待这个时间以确保数据服务中不存在散列值相等的对象。实际使用中大多数情况下上传的都是内容不同的新对象，这是一个很严重的性能问题。减少定位的超时时间可以减少用户的等待时间，但这并不算是从根本上解决了问题，且超时时间设置过短也会提升 SIS 检查的失败概率（比如某个对象其实存在于数据服务中但没能及时返回定位消息），这么做得不偿失。

有一个看上去可行的解决方案是免除小对象的去重：对于大对象，其上传的时间本来就比较长，比如 1 个 10MB 的对象在 20Mbit/s 上行带宽的连接上需要 4s 的传输时间，1s 的定位超时只是 25%的额外时间，看上去这个并不特别突出。而一个 10KB 的对象上传只需要 0.004s，25000%的额外等待就显得无法忍受了。如果我们免除小对象的去重，看上去性能会好很多，小对象本身占用的空间也不大，不去重似乎也可以接受。

真的是这样吗？

很可惜这样是不行的，原因有两点：首先，对小对象不去重会导致它们在对象存储系统的每一个数据服务节点上都存在一个备份，这就会占用大量的磁盘资源。更重要的原因在于，一旦接口服务定位一个这样的小对象，所有的数据服务节点都会响应，然后每一个节点都会反馈一个消息以通知该对象的存在。渐渐的消息队列会塞满反馈消息。而如果有用户在同一时间下载大量小对象（比如用户从云端恢复客户机的操作系统），那就成了系统的灾难，要知道，真正的生产环境可不会像实验室这样只有寥寥几台数据服务节点，而是可能有成千上万的数据节点。

很遗憾，这个性能问题单靠对象存储服务端是无法解决的。一个有效的解决方案是优化客户端的行为。如果客户端能将多个小对象尽量打包成一个大对象上传而不是分别上传，那么 1s 的等待时间就可以忽略。而且，当客户端下载小对象时，就需要下载含有该小对象的大对象，然后从中取出小对象。这样看上去有些烦琐，但是在需要一次性恢复大量小对象时非常有利，因为无须为每个小对象而频繁访问对象存储服务。

『 4.6 小结 』

本章优化了数据服务的定位性能，通过在程序启动时扫描磁盘，一次性将全部对象缓存起来，从而避免了每次定位时的磁盘访问。这样做的好处是减免了磁盘访问的次数，从而提升磁盘的 io 效率，但是缺点是会占用大量的内存且拖慢节点启动速度。假设一个对象存储系统的对象平均大小为 100KB，如果数据节点使用的磁盘大小是

2TB，那么一共能存放大约 20 兆个对象。而我们一个 SHA-256 散列值经过 Base64 编码后长度是 44B，缓存 20 兆个对象总共需要占用 880MB 内存（如果我们使用未经 Base64 编码的二进制的散列值，则是 32B，依然需要占用 640MB 内存）。而节点启动时需要扫描整个磁盘，一次性将所有的对象导入缓存，耗时也需要数分钟至数十分钟不等。

我们在本章的接口服务上实现了用户对象散列值和内容的校验，为了实现这样的数据校验，我们将用户上传的对象作为临时对象缓存在数据服务节点上。如果接口服务的数据校验成功，这些临时对象会被重命名成正式对象保存；如果接口服务的数据校验失败，这些临时对象则会被删除。然而需要当心的是，删除操作并不一定每次都会成功，接口服务崩溃或网络错误都有可能导致漏做删除操作。因此我们需要定期检查并删除这些临时对象，一个检查$STORAGE_ROOT/temp/目录下所有临时对象文件创建时间的 cron 工作就足以完成这样的清理。本书没有实现这样的一个清理工具，有兴趣的读者可以自行实现。

本章以 SIS 检查的方式实现了对象去重，确保一个对象在系统中只有一份实体。这对于节省磁盘空间来说很有用，但是对于保护用户数据来说却很危险。因为一旦这唯一的存储实体损坏或丢失，用户的数据就丢失了。在计算机存储领域，我们通过数据冗余来解决这个问题。我们会在下一章详细介绍并实现这一重要的技术。

分布式对象存储

第 5 章

第 5 章

数据冗余和即时修复

我们将要在本章介绍数据冗余的概念和 RS 纠删码技术，介绍在 Go 语言下如何利用 RS 码实现对象存储系统的数据冗余策略，并详细阐述即时修复的实现方式。

5.1 数据冗余的概念

在上一章，我们花了很大力气实现了去重，现在又要来做冗余，看上去似乎是在开倒车。但实际上这完全是两码事。去重是帮助我们避免同一个对象在系统中到处都被保存一份副本，而冗余是在完全受我们控制的情况下增加这个对象数据的稳定性。在讨论数据的冗余和修复之前，我们首先要理解保存在对象存储系统上的数据在什么情况下会丢失和不可用。

5.1.1 数据丢失和数据不可用

数据丢失是指信息在存储、传输或处理的过程中由于错误或遗漏而发生损失。

数据在传输过程中的丢失通常是由于网络不稳定导致的，对数据进行校验可以有效检测出传输过程中发生的数据丢失，然后服务端就可以拒绝接收有损的数据。

数据处理过程中的丢失则可能是由于软件或人为的错误而造成的。对于软件错误，我们需要对其进行修复并重新部署；对于人为错误，我们需要制定严格的操作规范，或者尽量使用脚本来代替人工操作。但无论是软件还是人为错误，已经丢失的数据是无法恢复的。

存储硬件损坏是数据在存储过程中丢失的最常见的原因，可能发生的硬件损坏从某个硬盘出现坏道到整个数据中心受灾等不一而足，使用数据备份以及灾难恢复可以在一定程度上弥补损失，但是这通常都会造成几小时到几天不等的停机时间，而且系统最后一次备份点之后加入的数据也依然是无法恢复的。

服务器的维护可能导致数据暂时的不可用，比如预先安排的服务器重启等。和永久性的数据丢失不同，数据不可用是暂时性的，当服务器重启完成后，数据就会恢复可用的状态。但是在服务器重启过程中如果恰好有用户需要对其上的对象进行访问，那么同样会表现成数据丢失。

除了硬件损坏和服务器维护以外，还有一种大多数人不太了解的数据丢失原因，叫作数据降解。数据降解是由数据存储设备的非关键故障累积导致的数据逐渐损坏，即使在没有发生任何软件错误或硬件损坏的情况下，存储介质上的数据依然有可能随时间的推移而丢失。比如说，固态硬盘会由于存在缺陷的绝缘封装工艺而导致其中保存的电荷慢慢流失；磁盘上保存的比特会随时间的推移而消磁；潮湿温暖的空气会加速磁性材质的降解等。

可以说，单个数据的损坏和丢失是不可避免的。所以为了保护用户的数据，在计算机存储领域，我们依靠数据冗余来对抗数据丢失。数据冗余不仅可以在一定程度上克服数据丢失，而且在发生数据丢失的时候还可以帮助我们对其进行修复。

5.1.2　数据冗余

在计算机领域，数据冗余是指在存储和传输的过程中，除了实际需要的数据，还存在一些额外数据用来纠正错误。这些额外的数据可以是一份简单的原始数据的复制，也可以是一些经过精心选择的校验数据，允许我们在一定程度上检测并修复损坏的数据。

比如说，ECC（Error-correcting memory）内存在其每一个存储字中会额外包含存储数据的校验和，可以检测并修正一个比特的错误；RAID 1 使用两个硬盘组成单个逻辑存储单元，在任何一个硬盘发生故障的情况下依然可以有效运行；Btrfs 和 ZFS 这样的文件系统通过结合使用校验和以及数据复制这两种方式来检测并修正硬盘上的数据降解等。

在对象存储领域，我们也有很多数据冗余的策略。

5.1.3　对象存储系统的数据冗余策略

最显而易见的冗余策略是每个对象都保留两个或更多副本，由接口服务负责将其存储在不同的数据服务节点上。跟去重之前完全无控制的状况不同，多副本冗余是受接口服务控制的有限副本冗余，副本对象的数量有限，而不是散落在每一个数据服务节点上。多副本冗余的概念很简单，实现也很方便，任何一台数据服务节点停机都不会影响数据的可用性，因为在另外一台数据服务节点上还存在一个副本。

多副本冗余的策略胜在实现简单，但是代价也比较高，本书将要介绍和实现的冗余策略比多副本冗余复杂，叫作 Reed Solomon 纠删码。在编码理论学中，RS 纠删码属于非二进制循环码，它的实现基于有限域上的一元多项式，并被广泛应用于 CD、DVD、蓝光、QR 码等消费品技术，DSL、WiMAX 等数据传输技术，DVB、ATSC 等广播技术以及卫星通信技术等。

RS 纠删码允许我们选择数据片和校验片的数量，本书选择了 4 个数据片加两个校验片，也就是说会把一个完整的对象平均分成 6 个分片对象，其中包括 4 个数据片对象，每个对象的大小是原始对象大小的 25%，另外还有两个校验片，其大小和数据片一样。这 6 个分片对象被接口服务存储在 6 个不同的数据服务节点上，只需要其中任意 4 个就可以恢复出完整的对象。

要在对象存储系统中评价一个冗余策略的好坏，主要是衡量该策略对存储空间的要求和其抗数据损坏的能力。对存储空间的要求是指我们采用的冗余策略相比不使用冗余要额外支付的存储空间，以百分比表示；抗数据损坏的能力以允许损坏或丢失的对象数量来衡量。

比如说，在没有任何冗余策略的情况下，我们的对象占用存储空间的大小就是它本身的大小，而一旦该对象损坏，我们就丢失了这个对象，那么它对存储空间的要求是 100%，而抵御能力则是 0；如果采用双副本冗余策略，当任何一个副本损坏或丢失时，我们都可以通过另外一个副本将其恢复出来。也就是说，这个冗余策略对我们的存储空间要求是 200%，抵御数据损坏的能力是 1（可以丢失两个副本中的任意 1 个），而使用 4+2 的 RS 码的策略，我们的存储空间要求是 150%，抵御能力是 2（可以丢失 6 个分片对象中的任意两个）。总的来说，对于一个 M+N 的 RS 码（M 个数据片加 N 个校验片），其对存储空间的要求是(M+N)/M*100%，抵御能力是 N。

可以看到，RS 码冗余策略对存储空间的要求更低，而抵御数据损坏的能力却更强。选择 RS 码还有一个好处，就是它会将一个大对象拆分成多个分片对象分别存储，有助于数据服务层的负载均衡。

使用了 RS 码冗余策略之后，对象存储系统单个节点的维护就不会导致整个系统的停机。只要我们每次维护的节点数小于 N，那么任意对象的分片数依然大于 M，对象就可以正确恢复。

「 5.2 数据冗余的实现 」

5.2.1 REST 接口

底层使用的数据冗余策略对上层的接口不产生任何影响。

5.2.2 对象 PUT 流程

本书使用数据冗余策略后的对象 PUT 流程见图 5-1。为了方便起见，这里略过了那些没有发生变化的地方，比如接口服务计算对象散列值以及当散列值不一致时的处理流程。

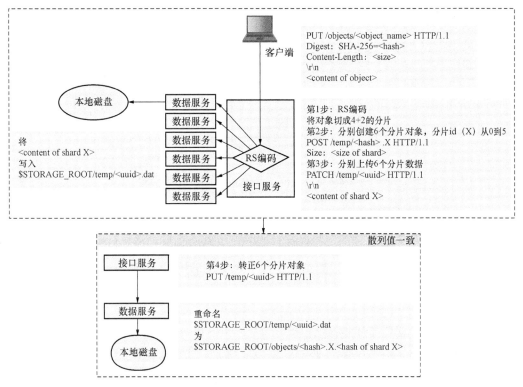

图 5-1　使用 4+2 RS 码冗余策略的对象 PUT 流程

接口服务会将客户端 PUT 上来的数据流切成 4+2 的分片，然后向 6 个数据服务节点上传临时对象<hash>.X，同时计算对象散列值。如果散列值一致，6 个临时对象会被转成正式的分片对象<hash>.X，其内容被保存在$STORAGE_ROOT/objects/<hash>.X.<hash of shard X>文件中。其中，X 的取值范围为 0~5 的整数，表示该分片的 id，0~3 是数据片，4 和 5 则是校验片。<hash of shard X>是该分片的散列值，在转正时通过计算临时对象的内容得到。

5.2.3　对象 GET 流程

对象 GET 的流程见图 5-2，和 PUT 流程一样，这里略过了没有发生变化的地方。

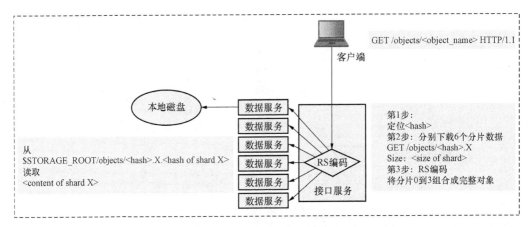

图 5-2　使用 4+2 RS 码冗余策略的对象 GET 流程

接口服务发送针对对象散列值<hash>的定位信息，含有该对象分片的数据服务共有 6 个，它们都会发送反馈的消息。接口服务在收到所有反馈消息后向响应的数据服务分别 GET 分片对象<hash>.X。数据服务读取分片 X 的内容，并响应接口服务的请求。然后接口服务将数据片 0 到 3 的内容组合成对象来响应客户端的请求。

接口服务在进行定位时的超时和之前一样是 1s，如果在 1s 内收到所有 6 个定位反馈则定位成功；如果在 1s 超时后收到的定位反馈大于等于 4，那么我们依然可以恢复出完整的对象；如果定位反馈小于等于 3，则定位失败。

当数据服务的接口收到的请求对象是<hash>.X，数据服务需要自己去$STORAGE_ROOT/objects 目录下寻找<hash>.X 开头的文件<hash>.X.<hash of shard X>，然后在返回该文件内容时还需要进行数据校验，确保其内容的散列值和<hash of shard X>一致。如果不一致，则需要删除该分片对象并返回 404 Not Found。这是为了防止该分片对象被上一节介绍过的数据降解破坏。

接口服务可能由于分片定位失败或分片散列值不一致等原因无法获取某个分片的数据。如果失败的分片数小于等于 2，接口服务会根据成功获取的分片重塑数据，并将新的分片写入随机的数据服务；如果失败的分片数大于等于 3，我们对这样的数据丢失无能为力，只能向客户端返回 404 Not Found。

在下一节，我们不仅会介绍使用 RS 码冗余策略的对象存储系统的具体实现，同时还会实现即时修复功能，让我们能够在 GET 对象的同时进行修复。

5.3　Go 语言实现

5.3.1　接口服务

为了实现 RS 码，接口服务的 locate、heartbeat 和 objects 包都需要发生变化，首先让我们来看一下接口服务 locate 包发生的改变。

接口服务的 locate 包

locate 包相比第 2 章发生改变的函数见例 5-1，没有发生变化的函数略。

例 5-1　接口服务 locate 包的变化

```go
func Locate(name string) (locateInfo map[int]string) {
    q := rabbitmq.New(os.Getenv("RABBITMQ_SERVER"))
    q.Publish("dataServers", name)
    c := q.Consume()
    go func() {
            time.Sleep(time.Second)
            q.Close()
    }()
    locateInfo = make(map[int]string)
    for i := 0; i < rs.ALL_SHARDS; i++ {
            msg := <-c
            if len(msg.Body) == 0 {
                    return
            }
            var info types.LocateMessage
            json.Unmarshal(msg.Body, &info)
            locateInfo[info.Id] = info.Addr
    }
```

```
            return
    }

func Exist(name string) bool {
        return len(Locate(name)) >= rs.DATA_SHARDS
    }
```

locate 包的 Handler 函数和第 2 章相比没有发生变化，这里略过。在第 2 章，我们的 Locate 函数从接收定位反馈消息的临时消息队列中只获取 1 条反馈消息，现在我们需要一个 for 循环来获取最多 6 条消息，每条消息都包含了拥有某个分片的数据服务节点的地址和分片的 id，并被放在输出参数的 locateInfo 变量中返回。rs.ALL_SHARDS 是 rs 包的常数 6，代表一共有 4+2 个分片。locateInfo 的类型是以 int 为键、string 为值的 map，它的键是分片的 id，而值则是含有该分片的数据服务节点地址。1s 超时发生时，无论当前收到了多少条反馈消息都会立即返回。

Exist 函数判断收到的反馈消息数量是否大于等于 4，为 true 则说明对象存在，否则说明对象不存在（或者说就算存在我们也无法读取）。

接口服务的 heartbeat 包

接口服务的 heartbeat 包也需要进行改动，将原来的返回一个随机数据服务节点的 ChooseRandomDataServer 函数改为能够返回多个随机数据服务节点的 ChooseRandomData Servers 函数，见例 5-2。

例 5-2　heartbeat.ChooseRandomDataServers 函数

```
func ChooseRandomDataServers(n int, exclude map[int]string) (ds []string) {
        candidates := make([]string, 0)
        reverseExcludeMap := make(map[string]int)
        for id, addr := range exclude {
                reverseExcludeMap[addr] = id
        }
        servers := GetDataServers()
```

```
        for i := range servers {
                s := servers[i]
                _, excluded := reverseExcludeMap[s]
                if !excluded {
                        candidates = append(candidates, s)
                }
        }
        length := len(candidates)
        if length < n {
                return
        }
        p := rand.Perm(length)
        for i := 0; i < n; i++ {
                ds = append(ds, candidates[p[i]])
        }
        return
}
```

ChooseRandomDataServers 函数有两个输入参数，整型 n 表明我们需要多少个随机数据服务节点，exclude 参数的作用是要求返回的随机数据服务节点不能包含哪些节点。这是因为当我们的定位完成后，实际收到的反馈消息有可能不足 6 个，此时我们需要进行数据修复，根据目前已有的分片将丢失的分片复原出来并再次上传到数据服务，所以我们需要调用 ChooseRandomDataServers 函数来获取用于上传复原分片的随机数据服务节点。很显然，目前已有的分片所在的数据服务节点需要被排除。

exclude 的类型和之前 locate.Locate 的输出参数 locateInfo 一致，其 map 的值是数据服务节点地址。但是当我们实现查找算法时这个数据使用起来并不方便，所以需要进行一下键值转换。转换后的 reverseExcludeMap 以地址为键，这样我们在后面遍历当前所有数据节点时就可以更容易检查某个数据节点是否需要被排除，不需要被排除的加入 candidates 数组。如果最后得到的 candidates 数组长度 length 小于 n，那么我们无法满足要求的 n 个数据服务节点，返回一个空数组，否则调用 rand.Perm 将 0 到 length-1

的所有整数乱序排列返回一个数组,取前 n 个作为 candidates 数组的下标取数据节点地址返回。

接口服务的 objects 包

和之前一样,我们略过未改变的部分,只示例 objects 包中需要改变的函数。首先是 PUT 对象时需要用到的 putStream 函数。它使用了新的 heartbeat.ChooseRandom DataServers 函数获取随机数据服务节点地址,并调用 rs.NewRSPutStream 来生成一个数据流,见例 5-3。

例 5-3　objects.putStream

```
func putStream(hash string, size int64) (*rs.RSPutStream, error) {
        servers := heartbeat.ChooseRandomDataServers(rs.ALL_SHARDS, nil)
        if len(servers) != rs.ALL_SHARDS {
                return nil, fmt.Errorf("cannot find enough dataServer")
        }

        return rs.NewRSPutStream(servers, hash, size)
}
```

rs.NewRSPutStream 返回的是一个指向 rs.RSPutStream 结构体的指针。相关代码见例 5-4。

例 5-4　创建 rs.RSPutStream 的代码

```
const (
        DATA_SHARDS = 4
        PARITY_SHARDS = 2
        ALL_SHARDS = DATA_SHARDS + PARITY_SHARDS
        BLOCK_PER_SHARD = 8000
        BLOCK_SIZE = BLOCK_PER_SHARD * DATA_SHARDS
)

type RSPutStream struct {
```

```
                *encoder
    }


func NewRSPutStream(dataServers []string, hash string, size int64) (*RSPutStream,
error) {
        if len(dataServers) != ALL_SHARDS {
                return nil, fmt.Errorf("dataServers number mismatch")
        }

        perShard := (size + DATA_SHARDS - 1) / DATA_SHARDS
        writers := make([]io.Writer, ALL_SHARDS)
        var e error
        for i := range writers {
                writers[i], e = objectstream.NewTempPutStream
(dataServers[i],
                        fmt.Sprintf("%s.%d", hash, i), perShard)
                if e != nil {
                        return nil, e
                }
        }
        enc := NewEncoder(writers)

        return &RSPutStream{enc}, nil
    }


type encoder struct {
        writers []io.Writer
        enc reedsolomon.Encoder
        cache []byte
    }


func NewEncoder(writers []io.Writer) *encoder {
        enc, _ := reedsolomon.New(DATA_SHARDS, PARITY_SHARDS)
        return &encoder{writers, enc, nil}
    }
```

RSPutStream 结构体内嵌了一个 encoder 结构体。

Go 语言没有面向对象语言常见的继承机制，而是通过内嵌来连接对象之间的关系。当结构体 A 包含了指向结构体 B 的无名指针时，我们就说 A 内嵌了 B。A 的使用者可以像访问 A 的方法或成员一样访问 B 的方法或成员。

NewRSPutStream 函数有 3 个输入参数，dataServers 是一个字符串数组，用来保存 6 个数据服务节点的地址，hash 和 size 分别是需要 PUT 的对象的散列值和大小。我们首先检查 dataServers 的长度是否为 6，如果不为 6，则返回错误。然后根据 size 计算出每个分片的大小 perShard，也就是 size/4 再向上取整。然后我们创建了一个长度为 6 的 io.Writers 数组，其中每一个元素都是一个 objectstream.TempPutStream，用于上传一个分片对象。最后我们调用 NewEncoder 函数创建一个 encoder 结构体的指针 enc 并将其作为 RSPutStream 的内嵌结构体返回。

encoder 结构体包含了一个 io.Writers 数组 writers，一个 reedsolomon.Encoder 接口的 enc 以及一个用来做输入数据缓存的字节数组 cache。

NewEncoder 函数调用 reedsolomon.New 生成了一个具有 4 个数据片加两个校验片的 RS 码编码器 enc，并将输入参数 writers 和 enc 作为生成的 encoder 结构体的成员返回。

reedsolomon 包是一个 RS 编解码的开源库，读者需要用以下命令下载该包：

```
go get github.com/klauspost/reedsolomon
```

objects 包处理对象 PUT 相关的其他部分代码并没有发生改变，但是在对象 PUT 过程中，我们写入对象数据的流调用的是 rs.RSPutStream，所以实际背后调用的 Write 方法也不一样，见例 5-5。

例 5-5　rs.RSPutStream.Write 方法相关函数

```
func (e *encoder) Write(p []byte) (n int, err error) {
        length := len(p)
        current := 0
        for length != 0 {
```

```
                     next := BLOCK_SIZE - len(e.cache)
                     if next > length {
                             next = length
                     }
                     e.cache = append(e.cache, p[current:current+next]...)
                     if len(e.cache) == BLOCK_SIZE {
                             e.Flush()
                     }
                     current += next
                     length -= next
             }
             return len(p), nil
     }


func (e *encoder) Flush() {
        if len(e.cache) == 0 {
                return
        }
        shards, _ := e.enc.Split(e.cache)
        e.enc.Encode(shards)
        for i := range shards {
                e.writers[i].Write(shards[i])
        }
        e.cache = []byte{}
}
```

RSPutStream 本身并没有实现 Write 方法，所以实现时函数会直接调用其内嵌结构体 encoder 的 Write 方法。

encoder 的 Write 方法在 for 循环里将 p 中待写入的数据以块的形式放入缓存，如果缓存已满就调用 Flush 方法将缓存实际写入 writers。缓存的上限是每个数据片 8000 字节，4 个数据片共 32 000 字节。如果缓存里剩余的数据不满 32 000 字节就暂不刷新，等待 Write 方法下一次被调用。

Flush 方法首先调用 encoder 的成员变量 enc 的 Split 方法将缓存的数据切成 4 个数据片，然后调用 enc 的 Encode 方法生成两个校验片，最后在 for 循环中将 6 个片的数据依次写入 writers 并清空缓存。

和之前 objectstream 一样，用户上传的对象数据经过散列值校验后，RSPutStream 也需要一个 Commit 方法用来将临时对象转正或删除，见例 5-6。

例 5-6　rs.RSPutStream.Commit 方法相关函数

```
func (s *RSPutStream) Commit(success bool) {
        s.Flush()
        for i := range s.writers {
                s.writers[i].(*objectstream.TempPutStream).Commit(success)
        }
}
```

Commit 方法首先调用其内嵌结构体 encoder 的 Flush 方法将缓存中最后的数据写入，然后对 encoder 的成员数组 writers 中的元素调用 Commit 方法将 6 个临时对象依次转正或删除。

objects 包 PUT 相关函数的变化到此为止，接下来让我们关注 GET 相关的函数。和 PUT 一样，我们省略未发生变化的部分，见例 5-7。

例 5-7　objects 包发生变化的 GET 相关函数

```
func get(w http.ResponseWriter, r *http.Request) {
        name := strings.Split(r.URL.EscapedPath(), "/")[2]
        versionId := r.URL.Query()["version"]
        version := 0
        var e error
        if len(versionId) != 0 {
                version, e = strconv.Atoi(versionId[0])
                if e != nil {
                        log.Println(e)
                        w.WriteHeader(http.StatusBadRequest)
```

```
                        return
                }
        }
        meta, e := es.GetMetadata(name, version)
        if e != nil {
                log.Println(e)
                w.WriteHeader(http.StatusInternalServerError)
                return
        }
        if meta.Hash == "" {
                w.WriteHeader(http.StatusNotFound)
                return
        }
        hash := url.PathEscape(meta.Hash)
        stream, e := GetStream(hash, meta.Size)
        if e != nil {
                log.Println(e)
                w.WriteHeader(http.StatusNotFound)
                return
        }
        _, e = io.Copy(w, stream)
        if e != nil {
                log.Println(e)
                w.WriteHeader(http.StatusNotFound)
                return
        }
        stream.Close()
}


func GetStream(hash string, size int64) (*rs.RSGetStream, error) {
        locateInfo := locate.Locate(hash)
        if len(locateInfo) < rs.DATA_SHARDS {
                return nil, fmt.Errorf("object %s locate fail, result
%v", hash, locateInfo)
```

```
        }
        dataServers := make([]string, 0)
        if len(locateInfo) != rs.ALL_SHARDS {
                dataServers = heartbeat.ChooseRandomDataServers(rs.
ALL_SHARDS- len (locateInfo), locateInfo)
        }
        return rs.NewRSGetStream(locateInfo, dataServers, hash, size)
    }
```

我们可以看到，原本调用 getStream 的地方变成调用 GetStream 且其参数多了一个 size。大小写的变化是为了将该函数导出给包外部使用，我们在之前已经多次提到 Go 语言这一个特性了。增加 size 参数是因为 RS 码的实现要求每一个数据片的长度完全一样，在编码时如果对象长度不能被 4 整除，函数会对最后一个数据片进行填充。因此在解码时必须提供对象的准确长度，防止填充数据被当成原始对象数据返回。

在调用 io.Copy 将对象数据流写入 HTTP 响应时，如果返回错误，说明对象数据在 RS 解码过程中发生了错误，这意味着该对象已经无法被读取，我们返回 404 Not Found，如果没有返回错误，我们需要在 get 函数最后调用 stream.Close 方法。GetStream 返回的 stream 的类型是一个指向 rs.RSGetStream 结构体的指针，我们在 GET 对象时会对缺失的分片进行即时修复，修复的过程也使用数据服务的 temp 接口，RSGetStream 的 Close 方法用于在流关闭时将临时对象转正。

GetStream 函数首先根据对象散列值 hash 定位对象，如果反馈的定位结果 locateInfo 数组长度小于 4，则返回错误；如果 locateInfo 数组的长度不为 6，说明该对象有部分分片丢失，我们调用 heartbeat.ChooseRandomDataServers 随机选取用于接收恢复分片的数据服务节点，以数组的形式保存在 dataServers 里。最后我们以 locateInfo、dataServers、hash 以及对象的大小 size 为参数调用 rs.NewRSGetStream 函数创建 rs.RSGetStream，相关函数见例 5-8。

例 5-8 创建 rs.RSGetStream 的代码

```
type RSGetStream struct {
        *decoder
```

```
        }


    func NewRSGetStream(locateInfo map[int]string, dataServers []string,
hash string, size int64) (*RSGetStream, error) {
            if len(locateInfo)+len(dataServers) != ALL_SHARDS {
                    return nil, fmt.Errorf("dataServers number mismatch")
            }


            readers := make([]io.Reader, ALL_SHARDS)
            for i := 0; i < ALL_SHARDS; i++ {
                    server := locateInfo[i]
                    if server == "" {
                            locateInfo[i] = dataServers[0]
                            dataServers = dataServers[1:]
                            continue
                    }
                    reader, e := objectstream.NewGetStream(server, fmt.Sprintf
("%s.%d", hash, i))
                    if e == nil {
                            readers[i] = reader
                    }
            }


            writers := make([]io.Writer, ALL_SHARDS)
            perShard := (size + DATA_SHARDS - 1) / DATA_SHARDS
            var e error
            for i := range readers {
                    if readers[i] == nil {
                            writers[i], e = objectstream.NewTempPutStream
(locateInfo [i], fmt.Sprintf("%s.%d", hash, i), perShard)
                            if e != nil {
                                    return nil, e
                            }
                    }
            }
```

```
        }

        dec := NewDecoder(readers, writers, size)
        return &RSGetStream{dec}, nil
    }


    type decoder struct {
        readers    []io.Reader
        writers    []io.Writer
        enc        reedsolomon.Encoder
        size       int64
        cache      []byte
        cacheSize  int
        total      int64
    }

    func NewDecoder(readers []io.Reader, writers []io.Writer, size int64)
 *decoder {
        enc, _ := reedsolomon.New(DATA_SHARDS, PARITY_SHARDS)
        return &decoder{readers, writers, enc, size, true, nil, 0, 0}
    }
```

RSGetStream 结构体内嵌 decoder 结构体。NewRSGetStream 函数首先检查 locateInfo 和 dataServers 的总数是否为 6，满足 4+2 RS 码的需求。如果不满足，则返回错误。然后我们需要创建一个长度为 6 的 io.Reader 数组 readers，用于读取 6 个分片的数据。我们用一个 for 循环遍历 6 个分片的 id，在 locateInfo 中查找该分片所在的数据服务节点地址，如果某个分片 id 相对的数据服务节点地址为空，说明该分片丢失，我们需要取一个随机数据服务节点补上；如果数据服务节点存在，我们调用 objectstream.New GetStream 打开一个对象读取流用于读取该分片数据，打开的流被保存在 readers 数组相应的元素中。

readers 第一次遍历处理完毕后，有两种情况会导致 readers 数组中某个元素为 nil，一种是该分片数据服务节点地址为空；而另一种则是数据服务节点存在但打开流失败。我们用 for 循环再次遍历 readers，如果某个元素为 nil，则调用 objectstream.NewTempPutStream 创建相应的临时对象写入流用于恢复分片。打开的流被保存在 writers 数组相应的元素中。

处理完成后，readers 和 writers 数组形成互补的关系，对于某个分片 id，要么在 readers 中存在相应的读取流，要么在 writers 中存在相应的写入流。我们将这样的两个数组以及对象的大小 size 作为参数调用 NewDecoder 生成 decoder 结构体的指针 dec，并将其作为 RSGetStream 的内嵌结构体返回。

decoder 结构体除了 readers，writers 两个数组以外还包含若干成员，enc 的类型是 reedsolomon.Encoder 接口用于 RS 解码，size 是对象的大小，cache 和 cacheSize 用于缓存读取的数据，total 表示当前已经读取了多少字节。

NewDecoder 函数调用 reedsolomon.New 创建 4+2 RS 码的解码器 enc，并设置 decoder 结构体中相应的属性后返回。

objects 包处理对象 GET 相关的其他部分代码并没有发生改变，但是在对象 GET 过程中，我们读取对象数据的流调用的是 rs.RSGetStream，所以实际背后调用的 Read 方法也不一样，见例 5-9。

例 5-9　rs.RSGetStream.Read 方法相关函数

```
func (d *decoder) Read(p []byte) (n int, err error) {
    if d.cacheSize == 0 {
        e := d.getData()
        if e != nil {
            return 0, e
        }
    }
    length := len(p)
    if d.cacheSize < length {
        length = d.cacheSize
    }
```

```go
        d.cacheSize -= length
        copy(p, d.cache[:length])
        d.cache = d.cache[length:]
        return length, nil
    }


func (d *decoder) getData() error {
    if d.total == d.size {
            return io.EOF
    }
    shards := make([][]byte, ALL_SHARDS)
    repairIds := make([]int, 0)
    for i := range shards {
            if d.readers[i] == nil {
                    repairIds = append(repairIds, i)
            } else {
                    shards[i] = make([]byte, BLOCK_PER_SHARD)
                    n, e := io.ReadFull(d.readers[i], shards[i])
                    if e != nil && e != io.EOF && e != io.
ErrUnexpectedEOF {
                            shards[i] = nil
                    } else if n != BLOCK_PER_SHARD {
                            shards[i] = shards[i][:n]
                    }
            }
    }
    e := d.enc.Reconstruct(shards)
    if e != nil {
            return e
    }
    for i := range repairIds {
            id := repairIds[i]
            d.writers[id].Write(shards[id])
    }
```

```
for i := 0; i < DATA_SHARDS; i++ {
        shardSize := int64(len(shards[i]))
        if d.total+shardSize > d.size {
                shardSize -= d.total + shardSize - d.size
        }
        d.cache = append(d.cache, shards[i][:shardSize]...)
        d.cacheSize += int(shardSize)
        d.total += shardSize
}
return nil
}
```

RSGetStream 的 Read 方法就是其内嵌结构体 decoder 的 Read 方法。decoder 的 Read 方法当 cache 中没有更多数据时会调用 getData 方法获取数据，如果 getData 返回的 e 不为 nil，说明我们没能获取更多数据，则返回 0 和这个 e 通知调用方。length 是 Read 方法输入参数 p 的数组长度，如果 length 超出当前缓存的数据大小，我们令 length 等于缓存的数据大小。我们用 copy 函数将缓存中 length 长度的数据复制给输入参数 p，然后调整缓存，仅保留剩下的部分。最后 Read 方法返回 length，通知调用方本次读取一共有多少数据被复制到 p 中。

getData 方法首先判断当前已经解码的数据大小是否等于对象原始大小，如果已经相等，说明所有数据都已经被读取，我们返回 io.EOF；如果还有数据需要读取，我们会创建一个长度为 6 的数组 shards，以及一个长度为 0 的整型数组 repairIds。shards 数组中每一个元素都是一个字节数组，用于保存相应分片中读取的数据。我们在一个 for 循环中遍历 6 个 shards，如果某个分片对应的 reader 是 nil，说明该分片已丢失，我们会在 repairIds 中添加该分片的 id；如果对应的 reader 不为 nil，那么对应的 shards 需要被初始化成一个长度为 8000 的字节数组，然后调用 io.ReadFull 从 reader 中完整读取 8000 字节的数据保存在 shards 里；如果发生了非 EOF 失败，该 shards 会被置为 nil，如果读取的数据长度 n 不到 8000 字节，我们将该 shards 实际的长度缩减为 n。

遍历读取一轮之后，要么每个 shards 中保存了读取自对应分片的数据，要么因为分片丢失或读取错误，该 shards 被置为 nil。我们调用成员 enc 的 Reconstruct 方法尝试将被置为 nil 的 shards 恢复出来，这一步如果返回错误，说明我们的对象已经遭到了不可修复的破坏，我们只能将错误原样返回给上层。如果修复成功，6 个 shards 中都保存了对应分片的正确数据，我们遍历 repairIds，将需要恢复的分片的数据写入相应的 writer。

最后，我们遍历 4 个数据分片，将每个分片中的数据添加到缓存 cache 中，修改缓存当前的大小 cacheSize 以及当前已经读取的全部数据的大小 total。

恢复分片的写入需要用到数据服务的 temp 接口，所以 objects.get 函数会在最后调用 stream.Close 方法将用于写入恢复分片的临时对象转正，该方法的实现见例 5-10。

例 5-10　RSGetStream.Close 方法

```
func (s *RSGetStream) Close() {
        for i := range s.writers {
                if s.writers[i] != nil {
                        s.writers[i].(*objectstream.TempPutStream).Co
mmit(true)
                }
        }
}
```

Close 方法遍历 writers 成员，如果某个分片的 writer 不为 nil，则调用其 Commit 方法，参数为 true，意味着临时对象将被转正。objectstream.TempPutStream 的详细实现见第 4 章。

5.3.2　数据服务

数据服务这边的改动相对较少，首先是处理对象定位的 locate 包。

数据服务的 locate 包

由于在磁盘上保存的对象文件名格式发生了变化，我们的 locate 包也有相应的变化，见例 5-11。

例 5-11　数据服务 locate 包发生变化的函数

```
func Locate(hash string) int {
        mutex.Lock()
        id, ok := objects[hash]
        mutex.Unlock()
        if !ok {
                return -1
        }
        return id
}


func Add(hash string, id int) {
        mutex.Lock()
        objects[hash] = id
        mutex.Unlock()
}


func StartLocate() {
        q := rabbitmq.New(os.Getenv("RABBITMQ_SERVER"))
        defer q.Close()
        q.Bind("dataServers")
        c := q.Consume()
        for msg := range c {
                hash, e := strconv.Unquote(string(msg.Body))
                if e != nil {
                        panic(e)
                }
                id := Locate(hash)
                if id != -1 {
                        q.Send(msg.ReplyTo, types.LocateMessage{Addr:
os.Getenv("LISTEN_ADDRESS"), Id: id})
                }
```

```
        }
    }

func CollectObjects() {
        files, _ := filepath.Glob(os.Getenv("STORAGE_ROOT") + "/objects/*")
        for i := range files {
                file := strings.Split(filepath.Base(files[i]), ".")
                if len(file) != 3 {
                        panic(files[i])
                }
                hash := file[0]
                id, e := strconv.Atoi(file[1])
                if e != nil {
                        panic(e)
                }
                objects[hash] = id
        }
    }
```

相比第 4 章，我们的 Locate 函数不仅要告知某个对象是否存在，同时还需要告知本节点保存的是该对象哪个分片，所以我们返回一个整型，用于返回分片的 id。如果对象不存在，则返回–1。

Add 函数用于将对象及其分片 id 加入缓存。

Del 函数未发生变化，故未打印。

StartLocate 函数读取来自接口服务需要定位的对象散列值 hash 后，调用 Locate 获得分片 id，如果 id 不为–1，则将自身的节点监听地址和 id 打包成一个 types.Locate Message 结构体作为反馈消息发送。types.LocateMessage 的定义比较简单，见例 5-12。

例 5-12　types.LocateMessage 结构体

```
type LocateMessage struct {
        Addr string
```

```
        Id    int
}
```

由于该结构体需要同时被接口服务的数据服务引用，所以放在 types 包里。

CollectObjects 函数调用 filepath.Glob 获取$STORAGE_ROOT/objects/目录下所有文件，并以 '.' 分割其基本文件名，获得对象的散列值 hash 以及分片 id，加入定位缓存。

数据服务的 temp 包

temp 包的改动主要在处理临时对象转正时，也就是 commitTempObject 函数，见例 5-13。

例 5-13　数据服务的 temp 包

```go
func (t *tempInfo) hash() string {
        s := strings.Split(t.Name, ".")
        return s[0]
}


func (t *tempInfo) id() int {
        s := strings.Split(t.Name, ".")
        id, _ := strconv.Atoi(s[1])
        return id
}


func commitTempObject(datFile string, tempinfo *tempInfo) {
        f, _ := os.Open(datFile)
        d := url.PathEscape(utils.CalculateHash(f))
        f.Close()
        os.Rename(datFile,  os.Getenv("STORAGE_ROOT")+"/objects/"+
tempinfo.Name+"."+d)
        locate.Add(tempinfo.hash(), tempinfo.id())
}
```

我们回顾一下第 4 章，commitTempObject 的实现非常简单，只需要将临时对象的数据文件重命名为$STORAGE_ROOT/objects/<hash>，<hash>是该对象的散列值。而在本章，正式对象文件名是$STORAGE_ROOT/objects/<hash>.X.<hash of shard X>。所以在重命名时，commitTemp Object 函数需要读取临时对象的数据并计算散列值<hash of shard X>。最后，我们调用 locate.Add，以<hash>为键、分片的 id 为值添加进定位缓存。

数据服务的 objects 包

objects 包发生变化的只有一个 getFile 函数，见例 5-14。

例 5-14　数据服务的 objects.getFile 函数

```
func getFile(name string) string {
        files, _ := filepath.Glob(os.Getenv("STORAGE_ROOT") + "/objects/"
+ name + ".*")
        if len(files) != 1 {
                return ""
        }
        file := files[0]
        h := sha256.New()
        sendFile(h, file)
        d := url.PathEscape(base64.StdEncoding.EncodeToString(h.Sum
(nil)))
        hash := strings.Split(file, ".")[2]
        if d != hash {
                log.Println("object hash mismatch, remove", file)
                locate.Del(hash)
                os.Remove(file)
                return ""
        }
        return file
    }
```

数据服务对象接口使用的对象名的格式是<hash>.X，getFile 函数需要在$STORAGE_

ROOT/objects/目录下查找所有以<hash>.X 开头的文件，如果找不到则返回空字符串。找到之后计算其散列值，如果跟<hash of shard X>的值不匹配则删除该对象并返回空字符串，否则返回该对象的文件名。

5.4　功能测试

在启动服务前记得清空数据服务节点的$STORAGE_ROOT/objects/目录，避免由于上一章测试遗留的对象文件格式不匹配造成错误。

我们用 curl 命令作为客户端来访问服务节点 10.29.2.2:12345，PUT 一个名为 test5 的对象。

```
$ echo -n "this object will be separate to 4+2 shards" | openssl dgst
-sha256 -binary | base64
MBMxWHrPMsuOBaVYHkwScZQRyTRMQyiKp2oelpLZza8=

$ curl -v 10.29.2.1:12345/objects/test5 -XPUT -d "this object will be
separate to 4+2 shards" -H "Digest: SHA-256=MBMxWHrPMsuOBaVYHkwScZQRy
TRMQyiKp2oelpLZza8="
* Hostname was NOT found in DNS cache
*   Trying 10.29.2.1...
* Connected to 10.29.2.1 (10.29.2.1) port 12345 (#0)
> PUT /objects/test5 HTTP/1.1
> User-Agent: curl/7.38.0
> Host: 10.29.2.1:12345
> Accept: */*
> Digest: SHA-256=MBMxWHrPMsuOBaVYHkwScZQRyTRMQyiKp2oelpLZza8=
> Content-Length: 42
> Content-Type: application/x-www-form-urlencoded
>
* upload completely sent off: 42 out of 42 bytes
< HTTP/1.1 200 OK
```

```
< Date: Wed, 09 Aug 2017 18:07:28 GMT
< Content-Length: 0
< Content-Type: text/plain; charset=utf-8
<
* Connection #0 to host 10.29.2.1 left intact
```

我们可以看到仅在一个数据服务节点上存在 JXcjvqseFM+SpiBgl0Tz5rfXsqEfFZXK%2FyakriPVM3A=文件。

由于我们在同一台服务器上启动 6 个数据服务，所以只需要一条命令就可以检查 6 个分片是否都已经正确上传。

```
$ ls /tmp/?/objects
/tmp/1/objects:
MBMxWHrPMsuOBaVYHkwScZQRyTRMQyiKp2oelpLZza8=.4.i8xiyIwSO2cRJwnmkO4i
eUV9v26H6e8tu5Y%2F3Op%2F4zE=

/tmp/2/objects:
MBMxWHrPMsuOBaVYHkwScZQRyTRMQyiKp2oelpLZza8=.5.wGW6r6pLkHAJC2GlYxfk
45FdUTTv31c57INXIUjmhZ8=

/tmp/3/objects:
MBMxWHrPMsuOBaVYHkwScZQRyTRMQyiKp2oelpLZza8=.3.9cMmcwZQE+dlbz27iekk
G2%2FL4raiYzUUSvcbfE9xUKw=

/tmp/4/objects:
MBMxWHrPMsuOBaVYHkwScZQRyTRMQyiKp2oelpLZza8=.0.XVFHp5%2F5kZ89051XQo
6UEkWW8OGzyXwLWS4Ln9f0Ncg=

/tmp/5/objects:
MBMxWHrPMsuOBaVYHkwScZQRyTRMQyiKp2oelpLZza8=.2.pV2SP%2Fi3jK9KGs5BtQ
S++TJEecq8Z7%2FYaUnSRPU1IX8=

/tmp/6/objects:
```

MBMxWHrPMsuOBaVYHkwScZQRyTRMQyiKp2oelpLZza8=.1.DjgCAigrm%2FBMDzVlPd
jPp+LZMHY9ktSKNX9A9eQShAQ=

我们可以看到原本对象的内容"this object will be separate to 4+2 shards"是如何被分成 4 个数据片的。

```
$ $ cat /tmp/4/objects/MBMxWHrPMsuOBaVYHkwScZQRyTRMQyiKp2oelpLZza8\ =.0.
XVFHp5%2F 5kZ89051XQo6UEkWW8OGzyXwLWS4Ln9f0Ncg\=
  this object
```

```
$ $ cat /tmp/6/objects/MBMxWHrPMsuOBaVYHkwScZQRyTRMQyiKp2oelpLZza8\ =.1.
DjgCAigrm% 2FBMDzVlPdjPp+LZMHY9ktSKNX9A9eQShAQ\=
  will be se
```

```
$ $ cat /tmp/5/objects/MBMxWHrPMsuOBaVYHkwScZQRyTRMQyiKp2oelpLZza8\ =.2.
pV2SP%2Fi 3jK9KGs5BtQS++TJEecq8Z7%2FYaUnSRPU1IX8\=
  parate to 4
```

```
$ cat /tmp/3/objects/MBMxWHrPMsuOBaVYHkwScZQRyTRMQyiKp2oelpLZza8\=.3.9
cMmcwZQE+ dlbz27iekkG2%2FL4raiYzUUSvcbfE9xUKw\=
  +2 shards
```

尝试 GET 和定位对象。

```
$ curl 10.29.2.1:12345/objects/test5
this object will be separate to 4+2 shards
```

```
$ curl 10.29.2.1:12345/locate/MBMxWHrPMsuOBaVYHkwScZQRyTRMQyiKp2oelpLZza8=
  {"0":"10.29.1.4:12345","1":"10.29.1.6:12345","2":"10.29.1.5:12345",
"3":"10.29.1.3:12345","4":"10.29.1.1:12345","5":"10.29.1.2:12345"}
```

接下来我们删除分片 0 并修改分片 1 的内容，看看即时修复能不能将这些数据恢复出来。

```
$  rm  /tmp/4/objects/MBMxWHrPMsuOBaVYHkwScZQRyTRMQyiKp2oelpLZza8\=.0.
```

```
XVFHp5%2F5kZ 89051XQo6UEkWW8OGzyXwLWS4Ln9f0Ncg\=
```

```
$ echo some_garbage > /tmp/6/objects/MBMxWHrPMsuOBaVYHkwScZQRyTRMQyi
Kp2oelpLZza8\ =.1.DjgCAigrm%2FBMDzVlPdjPp+LZMHY9ktSKNX9A9eQShAQ\=
```

```
$ curl 10.29.2.1:12345/objects/test5
this object will be separate to 4+2 shards
```

test5 对象的数据可以正确读出。让我们再次检查数据节点上的内容。

```
$ ls /tmp/?/objects
/tmp/1/objects:
MBMxWHrPMsuOBaVYHkwScZQRyTRMQyiKp2oelpLZza8=.4.i8xiyIwSO2cRJwnmkO4i
eUV9v26H6e8tu5Y%2F3Op%2F4zE=

/tmp/2/objects:
MBMxWHrPMsuOBaVYHkwScZQRyTRMQyiKp2oelpLZza8=.5.wGW6r6pLkHAJC2GlYxfk
45FdUTTv31c57INXIUjmhZ8=

/tmp/3/objects:
MBMxWHrPMsuOBaVYHkwScZQRyTRMQyiKp2oelpLZza8=.3.9cMmcwZQE+dlbz27iekk
G2%2FL4raiYzUUSvcbfE9xUKw=

/tmp/4/objects:
MBMxWHrPMsuOBaVYHkwScZQRyTRMQyiKp2oelpLZza8=.0.XVFHp5%2F5kZ89051XQo
6UEkWW8OGzyXwLWS4Ln9f0Ncg=

/tmp/5/objects:
MBMxWHrPMsuOBaVYHkwScZQRyTRMQyiKp2oelpLZza8=.2.pV2SP%2Fi3jK9KGs5BtQ
S++TJEecq8Z7%2FYaUnSRPU1IX8=

/tmp/6/objects:
MBMxWHrPMsuOBaVYHkwScZQRyTRMQyiKp2oelpLZza8=.1.DjgCAigrm%2FBMDzVlPd
jPp+LZMHY9ktSKNX9A9eQShAQ=
```

```
$ cat /tmp/4/objects/MBMxWHrPMsuOBaVYHkwScZQRyTRMQyiKp2oelpLZza8\=.0.
XVFHp5%2F5kZ 89051XQo6UEkWW8OGzyXwLWS4Ln9f0Ncg\=
  this object
```

```
$ cat /tmp/6/objects/MBMxWHrPMsuOBaVYHkwScZQRyTRMQyiKp2oelpLZza8\=.1.
DjgCAigrm %2FBMDzVlPdjPp+LZMHY9ktSKNX9A9eQShAQ\=
  will be se
```

可以看到，分片 0 和分片 1 的数据都已经被成功恢复。

提问环节：如果我们破坏了 3 个或 3 个以上分片，又会发生什么呢？

解答：此时对象已无法正常读取，接口服务返回 404 Not Found。

5.5　小结

本章介绍了数据损坏的成因以及用数据冗余防止数据损坏的技术，并实现了 4+2 RS 码的数据冗余策略。使用这种数据分片技术的冗余策略的好处是在抵御数据丢失风险的同时，并没有显著增加对存储空间的要求，而且变相提高了整个存储系统的负载均衡。而缺点则是实现较为复杂，参与单个对象上传下载流程的节点数量显著增加。

我们在本章实现了在 GET 对象时检查并即时修复对象的技术。作为本书的示例，我们采取了比较激进的修复策略：查到任何数据发生丢失都会立即进行修复。对象存储服务在上线以后，由于软件升级、硬件维护、服务器宕机等各种原因导致的暂时性数据不可用十分常见，我们的修复策略需要考虑到这样的情况，而适当放宽修复的标准。比如，我们可以放过还有 5 个分片的对象，只修复仅有 4 个分片的对象。如果读者担心 4 个分片太接近修复的底线，别忘了我们的 RS 码可以配置数据片和校验片的数量，校验片数量越多，我们的修复余地就越大。

数据的修复不能只依靠本章提供的即时修复技术来进行，有些对象可能因为长期没有发生 GET 操作而始终得不到修复，最终由于损坏的数据片过多而无法修复。所以我们还需要一种后台修复工具，能持续检查对象存储系统上的所有对象并进行修复。我们会在第 8 章实现这个工具。

在下一章，我们会介绍对于对象存储服务来说十分重要的功能——断点续传。受到网络环境的影响，身处云端对外提供服务的对象存储服务和客户端之间的连接可能会异常断开，因此提供断点续传功能很有必要，它可以帮助客户端更为轻松地上传和下载较大的对象。

分布式对象存储

第 6 章

© 2012 格林文化发展（上海）有限公司 版权所有 仅供试读，未经相应公司书面许可请勿用内文材使用

第6章

断点续传

我们在上一章介绍了数据冗余技术，并利用 RS 纠删码实现了数据冗余和即时修复。本章我们要在此基础上实现断点续传功能。断点续传功能分两部分，分别是断点下载和断点上传。

6.1 为什么对象存储需要支持断点续传

在实验室的理想环境里网络永远通畅，对象存储系统并不需要断点续传这个功能。但在现实世界，对象存储服务在数据中心运行，而客户端在客户本地机器上运行，它们之间通过互联网连接。互联网的连接速度慢且不稳定，有可能由于网络故障导致断开连接。在客户端上传或下载一个大对象时，因网络断开导致上传下载失败的概率就会变得不可忽视。为了解决这个问题，对象存储服务必须提供断点续传功能，允许客户端从某个检查点而不是从头开始上传或下载对象。

6.1.1 断点下载流程

断点下载的实现非常简单，客户端在 GET 对象请求时通过设置 Range 头部来告诉接口服务需要从什么位置开始输出对象的数据，见图 6-1。

接口服务的处理流程在生成对象流之前和上一章没有任何区别，但是在成功打开了对象数据流之后，接口服务会额外调用 rs.RSGetStream.Seek 方法跳至客户端请求的位置，然后才开始输出数据。

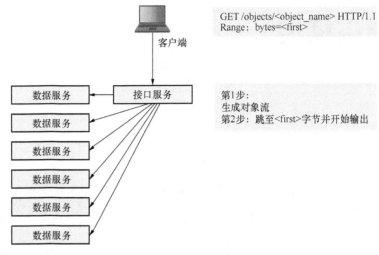

图 6-1　断点下载流程

6.1.2　断点上传流程

断点上传的流程则要比断点下载复杂得多，这是由 HTTP 服务的特性导致的。客户端在下载时并不在乎数据的完整性，一旦发生网络故障，数据下到哪算哪，下次继续从最后下载的数据位置开始续传就可以了。

但是对于上传来说，接口服务会对数据进行散列值校验，当发生网络故障时，如果上传的数据跟期望的不一致，那么整个上传的数据都会被丢弃。所以断点上传在一开始就需要客户端和接口服务做好约定，使用特定的接口进行上传，见图 6-2。

客户端在知道自己要上传大对象时就主动改用对象 POST 接口，提供对象的散列值和大小。接口服务的处理流程和上一章处理对象 PUT 一样，搜索 6 个数据服务并分别 POST 临时对象接口。数据服务的地址以及返回的 uuid 会被记录在一个 token 里返回给客户端。

客户端 POST 对象后会得到一个 token。对 token 进行 PUT 可以上传数据，见图 6-3。在上传时客户端需要指定 range 头部来告诉接口服务上传数据的范围。接口服务对 token

进行解码，获取 6 个分片所在的数据服务地址以及 uuid，分别调用 PATCH 将数据写入 6 个临时对象。

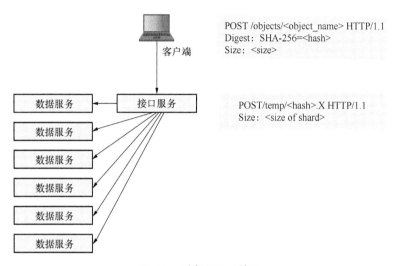

POST /objects/<object_name> HTTP/1.1
Digest：SHA-256=<hash>
Size：<size>

POST/temp/<hash>.X HTTP/1.1
Size：<size of shard>

图 6-2　对象 POST 接口

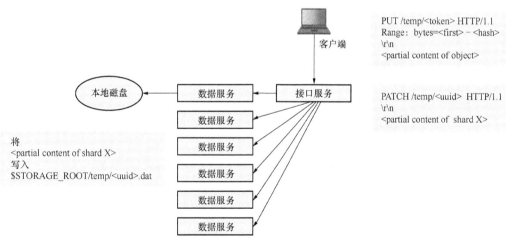

PUT /temp/<token> HTTP/1.1
Range：bytes=<first> – <hash>
\r\n
<partial content of object>

PATCH /temp/<uuid> HTTP/1.1
\r\n
<partial content of shard X>

将
<partial content of shard X>
写入
$STORAGE_ROOT/temp/<uuid>.dat

图 6-3　用 PUT 方法访问 token 上传数据

通过 PUT 上传的数据并不一定会被接口服务完全接收。我们在第 5 章已经知道，经过 RS 分片的数据是以块的形式分批写入 4 个数据片的，每个数据片一次写入 8000 字节，4 个数据片一共写入 32 000 字节。所以除非是最后一批数据，否则接口服务只接收 32 000 字节的整数倍进行写入。这是一个服务端的行为逻辑，我们不能要求客户端知道接口服务背后的逻辑，所以接口服务必须提供 token 的 HEAD 操作，让客户端知道服务端上该 token 目前的写入进度，见图 6-4。

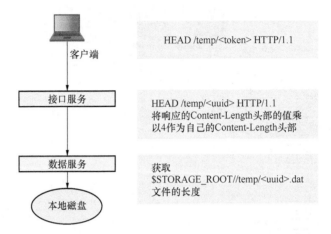

图 6-4　用 HEAD 方法访问 token 获取当前已上传了多少数据

客户端每次用 PUT 方法访问 token 之前都需要先用 HEAD 方法获取当前已上传了多少数据。接口服务对 token 进行解码，获取 6 个分片所在的数据服务地址以及 uuid，仅对第一个分片调用 HEAD 获取该分片当前长度，将这个数字乘以 4，作为 Content-Length 响应头部返回给客户端。

6.1.3　接口服务的 REST 接口

首先，接口服务的 objects 接口 GET 方法新增了 Range 请求头部，用于告诉接口服务需要的对象数据范围。

```
GET /objects/<object_name>
```

请求头部

- Range: bytes=<first>-

响应头部

- Content-Range: bytes <first>-<size>/<size>

　　响应正文

- 从 first 开始的对象内容

　　Range 请求头部定义在 RFC7233 中，是 HTTP/1.1 协议的一部分。给 GET 请求加上 Range 头部意味着这个请求期望的只是全体数据的一个或多个子集。Range 请求主要支持以字节为单位的 byte Range（虽然协议本身也支持其他自定义的 Range 单位，但是如果实现者没有在 IANA 申请注册这个自定义的单位，那么就只有自己写的客户端和服务端之间可以互相理解），byte range 的格式是固定字符串 "bytes=" 开头，后面跟上一个或多个数字的范围，由逗号分隔。假设我们的整体数据是 10000 字节，那么合法的 byte range 格式可以有以下几个例子：

- 请求最后 500 个字节（9500～9999）。

bytes=—500

或

bytes=9500—

- 请求第一个和最后一个字节（字节 0 和 9999）。

bytes=0–0, –1

- 其他几个合法但不常见的请求第 500～999 个字节的格式。

bytes=500–600,601–999

bytes=500–700,601–999

　　本书的对象存储系统实现的格式是 bytes=<first>-。客户端通过指定 first 的值告诉接口服务下载对象的数据范围，接口服务返回的数据从 first 开始，first 之前的对象数据会在服务端被丢弃。根据 Range 请求的协议规范，接口服务需要返回 HTTP 错误代码 206 Partial Content，并设置 Content-Range 响应头部告知返回数据的范围 <first>-<size>/ <size>，其中<first>是客户端要求的起始位置，<size>是对象的大小。

　　objects 接口还新增了 POST 方法，用于创建 token。

```
POST /objects/<object_name>
```

请求头部

- Digest: SHA–256=<对象散列值的 Base64 编码>
- Size: <对象内容的长度>

响应头部

- Location: <访问/temp/token 的 URI>

token 被放在 Location 头部返回给客户端，客户端拿到后可以直接访问该 URI。

除了 objects 接口发生的改变以外，接口服务还新增 temp 接口。

```
HEAD /temp/<token>
```

响应头部

- Content-Length: <token 当前的上传字节数>

```
PUT /temp/<token>
```

请求头部

- Range: bytes=<first>-<last>

请求正文

- 对象的内容，字节范围为 first～last

客户端通过 Range 头部指定上传的范围，first 必须跟 token 当前的上传字节数一致，否则接口服务会返回 416 Range Not Satisfiable。如果上传的是最后一段数据，<last>为空。

6.1.4 数据服务的 REST 接口

数据服务的 temp 接口新增了 HEAD 和 GET 两个方法，HEAD 方法用于获取某个分片临时对象当前的大小；而 GET 方法则用于获取临时对象的数据。

```
HEAD /temp/<uuid>
```

响应头部

- Content-Length: <临时对象当前的上传字节数>

```
GET /temp/<uuid>
```

响应正文

- 临时对象的内容

客户端将对象所有的数据上传完毕之后，接口服务需要调用这个方法从数据服务读取各分片临时对象的内容并进行数据校验，只有在验证了对象的散列值符合预期的情况下，服务端才认为该对象的上传是成功的，进而将临时对象转正。

6.2　Go 语言实现

6.2.1　接口服务

接口服务的 main 函数以及 objects 包发生了改变，且新增了 temp 包，versions/locate/heartbeat 包没有变化。

首先让我们看 main 函数，见例 6-1。

例 6-1　接口服务 main 函数

```go
func main() {
        go heartbeat.ListenHeartbeat()
        http.HandleFunc("/objects/", objects.Handler)
        http.HandleFunc("/temp/", temp.Handler)
        http.HandleFunc("/locate/", locate.Handler)
        http.HandleFunc("/versions/", versions.Handler)
        log.Fatal(http.ListenAndServe(os.Getenv("LISTEN_ADDRESS"),
nil))
    }
```

相比第 3 章，main 函数多了一个 temp.Handler 函数用于处理对/temp/的请求。在深入 temp 包的实现之前，让我们先去看看 objects 包发生的改动。

接口服务的 objects 包

首先是 objects.Handler 函数，见例 6-2。

例 6-2   objects.Handler 函数

```
func Handler(w http.ResponseWriter, r *http.Request) {
        m := r.Method
        if m == http.MethodPost {
                post(w, r)
                return
        }
        if m == http.MethodPut {
                put(w, r)
                return
        }
        if m == http.MethodGet {
                get(w, r)
                return
        }
        if m == http.MethodDelete {
                del(w, r)
                return
        }
        w.WriteHeader(http.StatusMethodNotAllowed)
}
```

相比第 3 章，我们可以看到本章的 Handler 多了一个对 POST 方法的处理函数 post，相关函数见例 6-3。

例 6-3   objects.post 相关函数

```
func post(w http.ResponseWriter, r *http.Request) {
        name := strings.Split(r.URL.EscapedPath(), "/")[2]
```

```
size, e := strconv.ParseInt(r.Header.Get("size"), 0, 64)
if e != nil {
        log.Println(e)
        w.WriteHeader(http.StatusForbidden)
        return
}
hash := utils.GetHashFromHeader(r.Header)
if hash == "" {
        log.Println("missing object hash in digest header")
        w.WriteHeader(http.StatusBadRequest)
        return
}
if locate.Exist(url.PathEscape(hash)) {
        e = es.AddVersion(name, hash, size)
        if e != nil {
                log.Println(e)
                w.WriteHeader(http.StatusInternalServerError)
        } else {
                w.WriteHeader(http.StatusOK)
        }
        return
}
ds := heartbeat.ChooseRandomDataServers(rs.ALL_SHARDS, nil)
if len(ds) != rs.ALL_SHARDS {
        log.Println("cannot find enough dataServer")
        w.WriteHeader(http.StatusServiceUnavailable)
        return
}
stream, e := rs.NewRSResumablePutStream(ds, name, url.PathEscape
(hash), size)
if e != nil {
        log.Println(e)
        w.WriteHeader(http.StatusInternalServerError)
        return
}
```

```go
        w.Header().Set("location",  "/temp/"+url.PathEscape(stream.
ToToken()))
        w.WriteHeader(http.StatusCreated)
    }


    type resumableToken struct {
        Name string
        Size int64
        Hash string
        Servers []string
        Uuids []string
    }


    type RSResumablePutStream struct {
        *RSPutStream
        *resumableToken
    }


    func NewRSResumablePutStream(dataServers []string, name, hash string,
size int64) (*RSResumablePutStream, error) {
        putStream, e := NewRSPutStream(dataServers, hash, size)
        if e != nil {
                return nil, e
        }
        uuids := make([]string, ALL_SHARDS)
        for i := range uuids {
                uuids[i] = putStream.writers[i].(*objectstream.
TempPutStream).Uuid
        }
        token := &resumableToken{name, size, hash, dataServers, uuids}
        return &RSResumablePutStream{putStream, token}, nil
    }


    func (s *RSResumablePutStream) ToToken() string {
```

```
        b, _ := json.Marshal(s)
        return base64.StdEncoding.EncodeToString(b)
    }
```

post 函数和 put 函数的处理流程在前半段是一样的，都是从请求的 URL 中获得对象的名字，从请求的相应头部获得对象的大小和散列值，然后对散列值进行定位。如果该散列值已经存在，那么我们可以直接往元数据服务添加新版本并返回 200 OK；如果散列值不存在，那么随机选出 6 个数据节点，然后调用 rs.NewRSResumablePutStream 生成数据流 stream，并调用其 ToToken 方法生成一个字符串 token，放入 Location 响应头部，并返回 HTTP 代码 201 Created。

rs.NewRSResumablePutStream 创建的 stream 的类型是一个指向 RSResumablePutStream 结构体的指针。该结构体内嵌了 RSPutStream 和 resumableToken。RSPutStream 我们在上一章已经讲述过了。resumableToken 中保存了对象的名字、大小、散列值，另外还有 6 个分片所在的数据服务节点地址和 uuid，分别以数组的形式保存。

rs.NewRSResumablePutStream 函数的输入参数分别是保存数据服务节点地址的 dataServers 数组，对象的名字 name，对象的散列值 hash 和对象的大小 size。它首先调用 NewRSPutStream 创建一个类型为 RSPutStream 的变量 putStream，然后从 putStream 的成员 writers 数组中获取 6 个分片的 uuid，保存在 uuids 数组，然后创建 resumableToken 结构体 token，最后将 putStream 和 token 作为 RSResumablePutStream 的成员返回。

RSResumablePutStream.ToToken 方法将自身数据以 JSON 格式编入，然后返回经过 Base64 编码后的字符串。

注意，任何人都可以将 Base64 编码的字符串解码，本书的实现代码并未对 token 加密，任何人都可以轻易从接口服务返回的响应头部中获取 RSResumablePutStream 结构体的内部信息。这是一个很大的信息泄露。本书旨在介绍和实现对象存储的各种功能，而信息安全不属于本书的范畴。对信息安全有要求的读者需要自行实现对 token 的加密和解密操作。

objects 包除了新增 post 函数以外，还修改了 get 函数，见例 6-4。

例 6-4 objects.get 相关函数

```go
func get(w http.ResponseWriter, r *http.Request) {
        name := strings.Split(r.URL.EscapedPath(), "/")[2]
        versionId := r.URL.Query()["version"]
        version := 0
        var e error
        if len(versionId) != 0 {
                version, e = strconv.Atoi(versionId[0])
                if e != nil {
                        log.Println(e)
                        w.WriteHeader(http.StatusBadRequest)
                        return
                }
        }
        meta, e := es.GetMetadata(name, version)
        if e != nil {
                log.Println(e)
                w.WriteHeader(http.StatusInternalServerError)
                return
        }
        if meta.Hash == "" {
                w.WriteHeader(http.StatusNotFound)
                return
        }
        hash := url.PathEscape(meta.Hash)
        stream, e := GetStream(hash, meta.Size)
        if e != nil {
                log.Println(e)
                w.WriteHeader(http.StatusNotFound)
                return
        }
        offset := utils.GetOffsetFromHeader(r.Header)
        if offset != 0 {
```

```
                stream.Seek(offset, io.SeekCurrent)
                w.Header().Set("content-range",  fmt.Sprintf("bytes
%d-%d/%d", offset, meta.Size-1, meta.Size))
                w.WriteHeader(http.StatusPartialContent)
        }
        io.Copy(w, stream)
        stream.Close()
    }


    func GetOffsetFromHeader(h http.Header) int64 {
        byteRange := h.Get("range")
        if len(byteRange) < 7 {
                return 0
        }
        if byteRange[:6] != "bytes=" {
                return 0
        }
        bytePos := strings.Split(byteRange[6:], "-")
        offset, _ := strconv.ParseInt(bytePos[0], 0, 64)
        return offset
    }


    func (s *RSGetStream) Seek(offset int64, whence int) (int64, error) {
        if whence != io.SeekCurrent {
                panic("only support SeekCurrent")
        }
        if offset < 0 {
                panic("only support forward seek")
        }
        for offset != 0 {
                length := int64(BLOCK_SIZE)
                if offset < length {
                        length = offset
                }
```

```
                buf := make([]byte, length)
                io.ReadFull(s, buf)
                offset -= length
        }
        return offset, nil

}
```

和第 5 章相比，本章的 objects.get 函数在调用 GetStream 生成 stream 之后，还调用 utils.GetOffsetFromHeader 函数从 HTTP 请求的 Range 头部获得客户端要求的偏移量 offset，如果 offset 不为 0，那么需要调用 stream 的 Seek 方法跳到 offset 位置，设置 Content-Range 响应头部以及 HTTP 代码 206 Partial Content。然后继续通过 io.Copy 输出数据。

utils.GetOffsetFromHeader 函数获取 HTTP 的 Range 头部，Range 头部的格式必须是 "bytes=<first>-" 开头，我们调用 strings.Split 将 <first> 部分切取出来并调用 strconv.ParseInt 将字符串转化成 int64 返回。

RSGetStream.Seek 方法有两个输入参数，offset 表示需要跳过多少字节，whence 表示起跳点。我们的方法只支持从当前位置（io.SeekCurrent）起跳，且跳过的字节数不能为负。我们在一个 for 循环中每次读取 32 000 字节并丢弃，直到读到 offset 位置为止。

objects 包的变化介绍完了，接下来我们去看看 temp 包的实现。

接口服务的 temp 包

temp 包一共有 3 个函数，Handler 用于注册 HTTP 处理函数，head 和 put 分别处理相应的访问方法。首先让我们看看 temp.Handler 函数，见例 6-5。

例 6-5　temp.Handler 函数

```
func Handler(w http.ResponseWriter, r *http.Request) {
        m := r.Method
        if m == http.MethodHead {
                head(w, r)
```

```
                return
        }
        if m == http.MethodPut {
                put(w, r)
                return
        }
        w.WriteHeader(http.StatusMethodNotAllowed)
}
```

temp.Handler 函数首先检查访问方式，如果是 HEAD 则调用 head 函数，如果是 PUT 则调用 put 函数，否则返回 405 Method Not Allowed。put 相关函数见例 6-6。

例 6-6　temp.put 相关函数

```
func put(w http.ResponseWriter, r *http.Request) {
        token := strings.Split(r.URL.EscapedPath(), "/")[2]
        stream, e := rs.NewRSResumablePutStreamFromToken(token)
        if e != nil {
                log.Println(e)
                w.WriteHeader(http.StatusForbidden)
                return
        }
        current := stream.CurrentSize()
        if current == -1 {
                w.WriteHeader(http.StatusNotFound)
                return
        }
        offset := utils.GetOffsetFromHeader(r.Header)
        if current != offset {
                w.WriteHeader(http.StatusRequestedRangeNotSatisfiable)
                return
        }
        bytes := make([]byte, rs.BLOCK_SIZE)
        for {
                n, e := io.ReadFull(r.Body, bytes)
```

```
            if e != nil && e != io.EOF && e != io.ErrUnexpectedEOF {
                    log.Println(e)
                    w.WriteHeader(http.StatusInternalServerError)
                    return
            }
            current += int64(n)
            if current > stream.Size {
                    stream.Commit(false)
                    log.Println("resumable put exceed size")
                    w.WriteHeader(http.StatusForbidden)
                    return
            }
            if n != rs.BLOCK_SIZE && current != stream.Size {
                    return
            }
            stream.Write(bytes[:n])
            if current == stream.Size {
                    stream.Flush()
                    getStream, e := rs.NewRSResumableGetStream
(stream. Servers, stream.Uuids, stream.Size)
                    hash := utils.CalculateHash(getStream)
                    if hash != stream.Hash {
                            stream.Commit(false)
                            log.Println("resumable put done but hash
mismatch")
                            w.WriteHeader(http.StatusForbidden)
                            return
                    }
                    if locate.Exist(url.PathEscape(hash)) {
                            stream.Commit(false)
                    } else {
                            stream.Commit(true)
                    }
                    e = es.AddVersion(stream.Name, stream.Hash,
```

```
stream.Size)
                                if e != nil {
                                        log.Println(e)
                                        w.WriteHeader(http.StatusInternalSer
verError)
                                }
                                return
                        }
                }
        }

        func NewRSResumablePutStreamFromToken(token string) (*RSResumablePutStream,
error) {
                b, e := base64.StdEncoding.DecodeString(token)
                if e != nil {
                        return nil, e
                }

                var t resumableToken
                e = json.Unmarshal(b, &t)
                if e != nil {
                        return nil, e
                }

                writers := make([]io.Writer, ALL_SHARDS)
                for i := range writers {
                        writers[i] = &objectstream.TempPutStream{t.Servers[i],
t.Uuids[i]}
                }
                enc := NewEncoder(writers)
                return &RSResumablePutStream{&RSPutStream{enc}, &t}, nil
        }

        func (s *RSResumablePutStream) CurrentSize() int64 {
```

```
        r, e := http.Head(fmt.Sprintf("http://%s/temp/%s", s.Servers[0],
s.Uuids[0]))
        if e != nil {
                log.Println(e)
                return -1
        }
        if r.StatusCode != http.StatusOK {
                log.Println(r.StatusCode)
                return -1
        }
        size := utils.GetSizeFromHeader(r.Header) * DATA_SHARDS
        if size > s.Size {
                size = s.Size
        }
        return size
}
```

put 函数首先从 URL 中获取<token>，然后调用 rs.NewRSResumablePutStreamFrom Token 根据<token>中的内容创建 RSResumablePutStream 结构体并获得指向该结构体的指针 stream，然后调用 CurrentSize 方法获得 token 当前大小，如果大小为–1，则说明该 token 不存在。接下来我们调用 utils.GetOffsetFromHeader 从 Range 头部获得 offset。如果 offset 和当前的大小不一致，则接口服务返回 416 Range Not Satisfiable。

如果 offset 和当前大小一致，我们在一个 for 循环中以 32 000 字节为长度读取 HTTP 请求的正文并写入 stream。如果读到的总长度超出了对象的大小，说明客户端上传的数据有误，接口服务删除临时对象并返回 403 Forbidden。如果某次读取的长度不到 32 000 字节且读到的总长度不等于对象的大小，说明本次客户端上传结束，还有后续数据需要上传。此时接口服务会丢弃最后那次读取的长度不到 32 000 字节的数据。

为什么接口服务需要丢弃数据，而不是将这部分数据写入临时对象或缓存在接口服务的内存里？

因为将这部分数据缓存在接口服务的内存里没有意义，下次客户端不一定还访问同一个接口服务节点。而如果我们将这部分数据直接写入临时对象，那么我们就破坏了每个数据片以 8000 字节为一个块写入的约定，在读取时就会发生错误。

最后如果读到的总长度等于对象的大小，说明客户端上传了对象的全部数据。我们调用 stream 的 Flush 方法将剩余数据写入临时对象，然后调用 rs.NewRSResumable GetStream 生成一个临时对象读取流 getStream，读取 getStream 中的数据并计算散列值。如果散列值不一致，则说明客户端上传的数据有误，接口服务删除临时对象并返回 403 Forbidden。如果散列值一致，则继续检查该散列值是否已经存在；如果存在，则删除临时对象；否则将临时对象转正。最后调用 es.AddVersion 添加新版本。

NewRSResumablePutStreamFromToken 函数对 token 进行 Base64 解码，然后将 JSON 数据编出形成 resumableToken 结构体 t，t 的 Servers 和 Uuids 数组中保存了当初创建的 6 个分片临时对象所在的数据服务节点地址和 uuid，我们根据这些信息创建 6 个 objectstream.TempPutStream 保存在 writers 数组，以 writers 数组为参数创建 encoder 结构体 enc，以 enc 为内嵌结构体创建 RSPutStream，并最终以 RSPutStream 和 t 为内嵌结构体创建 RSResumablePutStream 返回。

RSResumablePutStream.CurrentSize 以 HEAD 方法获取第一个分片临时对象的大小并乘以 4 作为 size 返回。如果 size 超出了对象的大小，则返回对象的大小。

最后让我们来看 temp.head 相关函数，见例 6-7。

例 6-7　temp.head 相关函数

```
func head(w http.ResponseWriter, r *http.Request) {
        token := strings.Split(r.URL.EscapedPath(), "/")[2]
        stream, e := rs.NewRSResumablePutStreamFromToken(token)
        if e != nil {
                log.Println(e)
                w.WriteHeader(http.StatusForbidden)
                return
        }
        current := stream.CurrentSize()
```

```
        if current == -1 {
                w.WriteHeader(http.StatusNotFound)
                return
        }
        w.Header().Set("content-length", fmt.Sprintf("%d", current))
}
```

head 函数相比 put 简单很多，只需要根据 token 恢复出 stream 后调用 CurrentSize
获取当前大小并放在 Content-Length 头部返回。

6.2.2　数据服务

数据服务这边只有 temp 包发生了改动，新增 get 和 head 两个方法，见例 6-8。

例 6-8　数据服务 temp 包的变化

```
func Handler(w http.ResponseWriter, r *http.Request) {
        m := r.Method
        if m == http.MethodHead {
                head(w, r)
                return
        }
        if m == http.MethodGet {
                get(w, r)
                return
        }
        if m == http.MethodPut {
                put(w, r)
                return
        }
        if m == http.MethodPatch {
                patch(w, r)
                return
        }
        if m == http.MethodPost {
```

```
                post(w, r)
                return
        }
        if m == http.MethodDelete {
                del(w, r)
                return
        }
        w.WriteHeader(http.StatusMethodNotAllowed)
}


func get(w http.ResponseWriter, r *http.Request) {
        uuid := strings.Split(r.URL.EscapedPath(), "/")[2]
        f, e := os.Open(os.Getenv("STORAGE_ROOT") + "/temp/" + uuid +
".dat")
        if e != nil {
                log.Println(e)
                w.WriteHeader(http.StatusNotFound)
                return
        }
        defer f.Close()
        io.Copy(w, f)
}


func head(w http.ResponseWriter, r *http.Request) {
        uuid := strings.Split(r.URL.EscapedPath(), "/")[2]
        f, e := os.Open(os.Getenv("STORAGE_ROOT") + "/temp/" + uuid +
".dat")
        if e != nil {
                log.Println(e)
                w.WriteHeader(http.StatusNotFound)
                return
        }
        defer f.Close()
        info, e := f.Stat()
```

```
            if e != nil {
                    log.Println(e)
                    w.WriteHeader(http.StatusInternalServerError)
                    return
            }
            w.Header().Set("content-length", fmt.Sprintf("%d", info.Size()))
    }
```

Handler 函数相比第 4 章多了对 HEAD/PUT 方法的处理。如果接口服务以 HEAD
方式访问数据服务的 temp 接口，Handler 会调用 head；如果接口服务以 GET 方式访问
数据服务的 temp 接口，则 Handler 会调用 get。

get 函数打开$STORAGE_ROOT/temp/<uuid>.dat 文件并将其内容作为HTTP的响应正
文输出。

head 函数则将$STORAGE_ROOT/temp/<uuid>.dat 文件的大小放在 Content-Length
响应头部返回。

『 6.3　功能测试 』

首先，让我们生成一个长度为 100 000 字节的随机文件，并计算散列值。

```
$ dd if=/dev/urandom of=/tmp/file bs=1000 count=100
100+0 records in
100+0 records out
100000 bytes (100 kB) copied, 0.0085559 s, 11.7 MB/s

$ openssl dgst -sha256 -binary /tmp/file | base64
mXNXv6rY7k+jC6jKT4LFhVL5ONslk+rSGLoKbSeE5nc=
```

接下来，我们需要将这个文件分段上传为 test6 对象。

```
$ curl -v 10.29.2.1:12345/objects/test6 -XPOST -H "Digest: SHA-256=
```

```
mXNXv6rY7k+ jC6jKT4LFhVL5ONslk+rSGLoKbSeE5nc=" -H "Size: 100000"
    * Hostname was NOT found in DNS cache
    *  Trying 10.29.2.1...
    * Connected to 10.29.2.1 (10.29.2.1) port 12345 (#0)
    > POST /objects/test6 HTTP/1.1
    > User-Agent: curl/7.38.0
    > Host: 10.29.2.1:12345
    > Accept: */*
    > Digest: SHA-256=mXNXv6rY7k+jC6jKT4LFhVL5ONslk+rSGLoKbSeE5nc=
    > Size: 100000
    >
    < HTTP/1.1 201 Created
    < Location: /temp/eyJOYWllIjoidGVzdDYiLCJTaXplIjoxMDAwMDAsIkhhc2giOiJtWE5YdjZy
    WTdrK2pDNmpLVDRMRmhWTDVPTnNsaytyU0dMb0tiU2VFNW5jPSIsIlNlcnZlcmMiOlsiMT
    AuMjkuMS41OjEyMzQ1IiwiMTAuMjkuMS40OjEyMzQ1IiwiMTAuMjkuMS4xOjEyMzQ1Iiwi
    MTAuMjkuMS40OjEyMzQ1IiwiMTAuMjkuMS4zOjEyMzQ1IiwiMTAuMjkuMS42OjEyMzQ1Il
    0sIlV1aWRzIjpbIjhjZTI2ZDBkLTJhN2MtNGViZi1hNGJjLTgwYmU4YTZjY2VkMiIsIjJm
    NDE2YTcyLTNlZDAtNGQwZS1hMjAyLTNjDEzMjAxYzIzNyIsIjlkNjQ3Y2JhLWE0ZmItND
    A1MC1iNWNhLTZhYjE3YjgxOGE4MiIsImFlNmNhMWY0LTQ4MzQtNGMyMC05MDk2LTIzZTI5
    YTQ3MTE5ZiIsImU0NjU4ZmY3LTQxNDQtNDFlZS1iYWJmLTgwYmU4MzNlMTk1NCIsIjdiYm
    Y0NzdkLWQxNjgtNDMxYi1iN2M2LTU3NDgwZWEwY2UyNyNyJdfQ==
    < Date: Tue, 15 Aug 2017 17:10:05 GMT
    < Content-Length: 0
    < Content-Type: text/plain; charset=utf-8
    <
    * Connection #0 to host 10.29.2.1 left intact
```

接口服务将 token 放在 Location 响应头部返回，我们利用这个 URI 进行 HEAD 和 PUT 操作，先上传随机文件的前 50 000 字节。

```
$ curl -I 10.29.2.1:12345/temp/eyJOYWllIjoidGVzdDYiLCJTaXplIjoxMDAwMDAsIkhhc2gi
OiJtWE5YdjZyWTdrK2pDNmpLVDRMRmhWTDVPTnNsaytyU0dMb0tiU2VFNW5jPSIsIlNlcn
ZlcmMiOlsiMTAuMjkuMS41OjEyMzQ1IiwiMTAuMjkuMS4yOjEyMzQ1IiwiMTAuMjkuMS4x
OjEyMzQ1IiwiMTAuMjkuMS40OjEyMzQ1IiwiMTAuMjkuMS4zOjEyMzQ1IiwiMTAuMjkuMS
```

42OjEyMzQ1Il0sIlV1aWRzIjpbIjhjZTI2ZDBkLTJhN2MtNGViZi1hNGJjLTgwYmU4YTZj
Y2VkMiIsIjJmNDE2YTcyLTNlZDAtNGQwZS1hMjAyLTNjZDEzMjAxYzIzNyIsIjlkNjQ3Y2
JhLWE0ZmItNDA1MC1iNWNhLTZhYjE3YjgxOGE4MiIsImFlNmNhMWY0LTQ4MzQtNGMyMC05
MDk2LTIzZTI5YTQ3MTE5ZiIsImU0NjU4ZmY3LTQxNDMtNDFlZS1iYWJmLTQwYmU4MzNlMT
k1NCIsIjdiYmY0NzdkLWQxNjgtNDMxYi1iN2M2LTU3NDgwZWEwY2UyNyJdfQ==

```
    HTTP/1.1 200 OK
    Content-Length: 0
    Date: Tue, 15 Aug 2017 17:12:05 GMT
    Content-Type: text/plain; charset=utf-8

    $ dd if=/tmp/file of=/tmp/first bs=1000 count=50
    50+0 records in
    50+0 records out
```

$ curl -v -XPUT --data-binary @/tmp/first 10.29.2.1:12345/temp/eyJOYW1lIjoidGVud
DYiLCJTaXplIjoxMDAwMDAsIkhhc2giOiJtWE5YdjZyWTdrK2pDNmpLVDRMRmhWTDVPTnN
saytyU0dMb0tiU2VFNW5jPSIsIlNlcnZlcnMiOlsiMTAuMjkuMS41OjEyMzQ1IiwiMTAuM
jkuMS4yOjEyMzQ1IiwiMTAuMjkuMS4xOjEyMzQ1IiwiMTAuMjkuMS40OjEyMzQ1IiwiMTA
uMjkuMS4zOjEyMzQ1IiwiMTAuMjkuMS42OjEyMzQ1Il0sIlV1aWRzIjpbIjhjZTI2ZDBkL
TJhN2MtNGViZi1hNGJjLTgwYmU4YTZjY2VkMiIsIjJmNDE2YTcyLTNlZDAtNGQwZS1hMjA
yLTNjZDEzMjAxYzIzNyIsIjlkNjQ3Y2JhLWE0ZmItNDA1MC1iNWNhLTZhYjE3YjgxOGE4M
iIsImFlNmNhMWY0LTQ4MzQtNGMyMC05MDk2LTIzZTI5YTQ3MTE5ZiIsImU0NjU4ZmY3LTQ
xNDMtNDFlZS1iYWJmLTQwYmU4MzNlMTk1NCIsIjdiYmY0NzdkLWQxNjgtNDMxYi1iN2M2L
TU3NDgwZWEwY2UyNyJdfQ==

```
    * Hostname was NOT found in DNS cache
    *   Trying 10.29.2.1...
    * Connected to 10.29.2.1 (10.29.2.1) port 12345 (#0)
```
> PUT /temp/eyJOYW1lIjoidGVuZDYiLCJTaXplIjoxMDAwMDAsIkhhc2giOiJtWE5YdjZyWTdrK2p
DNmpLVDRMRmhWTDVPTnNsaytyU0dMb0tiU2VFNW5jPSIsIlNlcnZlcnMiOlsiMTAuMjkuMS41O
jEyMzQ1IiwiMTAuMjkuMS4yOjEyMzQ1IiwiMTAuMjkuMS4xOjEyMzQ1IiwiMTAuMjkuMS40OjE
yMzQ1IiwiMTAuMjkuMS4zOjEyMzQ1IiwiMTAuMjkuMS42OjEyMzQ1Il0sIlV1aWRzIjpbIjhjZ
TI2ZDBkLTJhN2MtNGViZi1hNGJjLTgwYmU4YTZjY2VkMiIsIjJmNDE2YTcyLTNlZDAtNGQwZS1
hMjAyLTNjZDEzMjAxYzIzNyIsIjlkNjQ3Y2JhLWE0ZmItNDA1MC1iNWNhLTZhYjE3YjgxOGE4M
iIsImFlNmNhMWY0LTQ4MzQtNGMyMC05MDk2LTIzZTI5YTQ3MTE5ZiIsImU0NjU4ZmY3LTQxNDM

```
tNDFlZS1iYWJmLTQwYmU4MzNlMTk1NCIsIjdiYmY0NzdkLWQxNjgtNDMxYi1iN2M2LTU3NDgwZ
WEwY2UyNyJdfQ== HTTP/1.1
    > User-Agent: curl/7.38.0
    > Host: 10.29.2.1:12345
    > Accept: */*
    > Content-Length: 50000
    > Content-Type: application/x-www-form-urlencoded
    > Expect: 100-continue
    >
    < HTTP/1.1 100 Continue
    < HTTP/1.1 200 OK
    < Date: Tue, 15 Aug 2017 17:13:28 GMT
    < Content-Length: 0
    < Content-Type: text/plain; charset=utf-8
    <
    * Connection #0 to host 10.29.2.1 left intact
    50000 bytes (50 kB) copied, 0.000433249 s, 115 MB/s
```

可以看到，我们的 PUT 命令上传了 50 000 字节，且接口服务返回了 200 OK。但是实际写入 token 的数据有多少呢？让我们用 HEAD 命令查看。

```
$ curl -I 10.29.2.1:12345/temp/eyJOYW1lIjoidGVzdDYiLCJTaXplIjoxMDAwMDAsImhhc2gi
OiJtWE5YdjZyWTdrK2pDNmpLVDRMRmhWTDVPTnNsaytyU0dMb0tiU2VFNW5jPSIsIlNlcn
ZlcnMiOlsiMTAuMjkuMS41OjEyMzQ1IiwiMTAuMjkuMS4yOjEyMzQ1IiwiMTAuMjkuMS4x
OjEyMzQ1IiwiMTAuMjkuMS40OjEyMzQ1IiwiMTAuMjkuMS4zOjEyMzQ1IiwiMTAuMjkuMS
42OjEyMzQ1Il0sIlV1aWRzIjpbIjhjZTI2ZDBkLTJhN2MtNGViZi1hNGJjLTgwYmU4YTZj
Y2VkMiIsIjJmNDE2YTcyLTNlZDAtNGQwZS1hMjAyLTNjNjEzMjAxYzIzNyIsIjljNjQ3Y2
JhLWE0ZmItNDA1MC1iNWNhLTZhYjE3YjgxOGE4MiIsImFlNmNhMWY0LTQ4MzQtNGMyMC05
MDk2LTIzZTI5YTQ3MTE5ZiIsImU0NjU4ZmY3LTQxNDNtNDFlZS1iYWJmLTQwYmU4MzNlMT
k1NCIsIjdiYmY0NzdkLWQxNjgtNDMxYi1iN2M2LTU3NDgwZWEwY2UyNyJdfQ==
    HTTP/1.1 200 OK
    Content-Length: 32000
    Date: Tue, 15 Aug 2017 17:24:07 GMT
    Content-Type: text/plain; charset=utf-8
```

我们可以看到写入的数据只有 32 000 个字节，所以下一次 PUT 要从 32 000 字节开始，让我们一次性把剩下的数据全部上传。

```
$ dd if=/tmp/file of=/tmp/second bs=1000 skip=32 count=68
68+0 records in
68+0 records out
68000 bytes (68 kB) copied, 0.000775909 s, 87.6 MB/s
```

```
$ curl -v -XPUT --data-binary @/tmp/second -H "range: bytes=32000-" 10.29.2.1:
12345/temp/eyJOYW1lIjoidGVzdDYiLCJTaXplIjoxMDAwMDAsIkhhc2giOiJtWE5YdjZ
yWTdrK2pDNmpLVDRMRmhWTDVPTnNaytyU0dMb0tiU2VFNW5jPSIsIlNlcnZlcnMiOlsiM
TAuMjkuMS41OjEyMzQ1IiwiMTAuMjkuMS4yOjEyMzQ1IiwiMTAuMjkuMS4xOjEyMzQ1Iiw
iMTAuMjkuMS40OjEyMzQ1IiwiMTAuMjkuMS4zOjEyMzQ1IiwiMTAuMjkuMS4yOjEyMzQ1I
l0sIlV1aWRzIjpbIjhjZTI2ZDBkLTJhN2MtNGViZi1hNGJjLTgwYmU4YTZjY2VkMiIsIjJ
mNDE2YTcyLTNlZDAtNGQwZS1hMjAyLTNjZDEzMjAxYzIzNyIsIjljNjQ3Y2JhLWE0ZmItN
DA1MC1iNWNhLTZhYjE3YjgxOGE4MiIsImFlNmNhMWY0LTQ4MzQtNGMyMC05MDk2LTIzZTI
5YTQ3MTE5ZiIsImU0NjU4ZmY3LTQxNDMtNDFlZS1iYWJmLTQwYmU4MzNlMTk1NCIsIjdiY
mY0NzdkLWQxNjgtNDMxYi1iN2M2LTU3NDgwZWEwY2UyNyJdfQ==
* Hostname was NOT found in DNS cache
*    Trying 10.29.2.1...
* Connected to 10.29.2.1 (10.29.2.1) port 12345 (#0)
> PUT /temp/eyJOYW1lIjoidGVzdDYiLCJTaXplIjoxMDAwMDAsIkhhc2giOiJtWE5
YdjZyWTdrK2pDNmpLVDRMRmhWTDVPTnNaytyU0dMb0tiU2VFNW5jPSIsIlNlcnZlcnMiOl
siMTAuMjkuMS41OjEyMzQ1IiwiMTAuMjkuMS4yOjEyMzQ1IiwiMTAuMjkuMS4xOjEyMzQ1
IiwiMTAuMjkuMS40OjEyMzQ1IiwiMTAuMjkuMS4zOjEyMzQ1IiwiMTAuMjkuMS4yOjEyMz
Q1Il0sIlV1aWRzIjpbIjhjZTI2ZDBkLTJhN2MtNGViZi1hNGJjLTgwYmU4YTZjY2VkMiIs
IjJmNDE2YTcyLTNlZDAtNGQwZS1hMjAyLTNjZDEzMjAxYzIzNyIsIjljNjQ3Y2JhLWE0Zm
ItNDA1MC1iNWNhLTZhYjE3YjgxOGE4MiIsImFlNmNhMWY0LTQ4MzQtNGMyMC05MDk2LTIz
ZTI5YTQ3MTE5ZiIsImU0NjU4ZmY3LTQxNDMtNDFlZS1iYWJmLTQwYmU4MzNlMTk1NCIsIj
diYmY0NzdkLWQxNjgtNDMxYi1iN2M2LTU3NDgwZWEwY2UyNyJdfQ== HTTP/1.1
> User-Agent: curl/7.38.0
> Host: 10.29.2.1:12345
> Accept: */*
> range: bytes=32000-
> Content-Length: 68000
```

```
> Content-Type: application/x-www-form-urlencoded
> Expect: 100-continue
>
< HTTP/1.1 100 Continue
< HTTP/1.1 200 OK
< Date: Tue, 15 Aug 2017 17:28:31 GMT
< Content-Length: 0
< Content-Type: text/plain; charset=utf-8
<
* Connection #0 to host 10.29.2.1 left intact
```

现在让我们 GET 这个对象对比一下数据。

```
$ curl 10.29.2.1:12345/objects/test6 > /tmp/output
  % Total    % Received % Xferd Average Speed Time Time Time Current
Dload  Upload   Total Spent  Left  Speed
100 97k 0 97k 0 0 2922k 0--:--:-- --:--:-- --:--:-- 2959k


$ diff -s /tmp/output /tmp/file
Files /tmp/output and /tmp/file are identical
```

接下来让我们试试用 range 头部指定下载 test6 对象的后 68KB 数据。

```
$ curl 10.29.2.1:12345/objects/test6 -H "range: bytes=32000-" > /tmp/output2
  % Total    % Received % Xferd  Average Speed Time Time Time Current
Dload  Upload  Total Spent  Left   Speed
100 68000 0 68000 0 0 2084k 0 --:--:-- --:--:-- --:--:-- 2075k


$ diff -s /tmp/output2 /tmp/second
Files /tmp/output2 and /tmp/second are identical
```

『 6.4　小结 』

对象存储系统为了抵御现实世界不良的网络环境，不得不提供断点续传的功能，允许客户端向服务端指明需要传输的数据范围。

本章实现了对象数据的断点续传。断点下载通过 Range 请求头部实现，客户端可以在调用对象的 GET 接口时，通过 Range 头部告知服务端下载数据的偏移量，接口服务将该偏移量之前的对象数据流丢弃并将剩下的部分返回给客户端。

断点上传则比较复杂，由于 HTTP 服务的特点，需要使用新的对象 POST 接口创建一个 token，并通过接口服务的 temp 接口访问 token 上传数据。客户端需要根据上传对象的大小自行选择上传的方式：对于小对象，客户端可以使用之前的 PUT 方法上传；对于大对象，客户端需要选择 POST 方法并自行分块上传。

除非正好将对象完整上传，否则接口服务每次只接受 32 000 字节的整数倍，不足的部分将被丢弃。如果客户端的分块小于 32 000 字节，那么上传的数据就会被全部丢弃。客户端需要在 PUT 每一块之前调用 HEAD 检查该 token 当前的进度，并选择合适的偏移量和分块大小。

在下一章中，我们将讨论几个关于数据压缩的问题。

分布式对象存储

第 7 章

第 7 章

数据压缩

本章讨论的是在对象存储服务端实现数据压缩的功能。

在开始讨论数据压缩之前，我们不得不承认一个很尴尬的事实，那就是在整个云存储系统中，对象存储服务端并不是最适合做数据压缩的地方。最适合做数据压缩的地方是客户端。一个高性能的客户端不仅可以将大量小对象打包成大对象提高存储和传输的效率，也可以在客户机本地进行数据压缩，进一步节省网络带宽和存储空间。所以如果你的云存储系统在设计最初就包含了专门的客户端，那么别犹豫，一定要将数据压缩功能放在客户端，而不是服务端。

数据压缩的效率和使用的压缩算法以及待压缩数据的特征密切相关，存放随机数据的二进制文件的压缩比惨不忍睹，文本文件的压缩比会好很多。所以如果你的云存储系统中没有一个专门的客户端，或者用户更倾向使用通用的客户端比如浏览器，且用户上传的对象大多数都是一些适合数据压缩的文档，那么你可以考虑在服务端实现数据压缩功能，将客户上传的对象压缩起来再进行存储。

可以应用数据压缩功能的不仅仅在数据存储这一块，数据的传输也一样可以进行压缩。对于对象的上传来说，由于没有一个专门的客户端，我们没办法限定客户上传的数据。但是对于对象的下载，服务端可以提供一种选择，只要客户端支持，我们的接口服务就可以传输压缩后的数据给客户端。

1.8.1 版本的 Go 语言原生支持的压缩算法包有 bzip2、flate、gzip、lzw 和 zlib 这 5 种。

lzw 是 Lempel-Ziv-Welch 压缩算法的简写。这个算法的实现非常简单，甚至可以实现在硬件上，以获得非常高的压缩速度。UNIX 下被广泛使用的文件压缩工具 compress 使用的就是这个算法，GIF 图像格式使用的压缩算法也是它。

zlib 是一个软件库，实现了 RFC1950 中介绍的压缩数据格式规范。它包括 Linux、Mac OS X 以及 iOS 在内的很多平台的关键组件，PS4、Wii U、Xbox One 等游戏主机也使用它。它是后续 DEFLATE 和 gzip 等压缩算法的一个抽象。

flate 是 RFC1951 中介绍的 DEFLATE 压缩数据格式规范，也是 zip 文件使用的压缩算法。它使用了 LZ77 算法移除重复的字符串，并用 Huffman 编码进一步压缩比特。DEFLATE 的产生是为了代替 lzw 以及其他受专利所限的数据压缩算法。

gzip 是 RFC1952 中介绍的压缩数据格式规范，也是 gz 文件使用的压缩算法。它基于 DEFLATE 算法，但是因为 gzip 可以将一个打包文件中的所有文件串联起来进行压缩，所以可以获得比 DEFLATE 更高的压缩比。

bzip2 是一个免费且开源的文件压缩项目，使用的是 Burrows-Wheeler 算法，它只能压缩单个文件，且不能处理打包文件。bzip2 是 bz2 文件使用的压缩算法。在单个文件的压缩上，bzip2 比 DEFLATE 和 gzip 的压缩率都要高，但是速度也慢得多。

本书采用的压缩算法是 gzip，它不是压缩速度最快的也不是压缩比最高的压缩算法，但是对于功能的介绍和实现来说，gzip 足够好且足够简单。对于压缩速度和压缩比有要求的读者可以自行选择更合适的压缩算法。

7.1 用 gzip 实现对象存储和下载时的数据压缩

7.1.1 存储时的数据压缩

在本章之前，数据服务节点把分片临时对象转正时使用的是 os.Rename 操作，将 $STORAGE_ROOT/temp/<uuid>.dat 重命名为 $STORAGE_ROOT/objects/<hash>.X.<hash

of shard X>。而本章的实现则需要读取$STORAGE_ROOT/temp/<uuid>.dat 文件的内容，并使用 gzip 压缩后写入$STORAGE_ROOT/objects/<hash>.X.<hash of shard X>，见图 7-1。

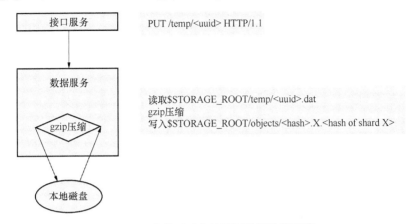

PUT /temp/<uuid> HTTP/1.1

读取$STORAGE_ROOT/temp/<uuid>.dat
gzip压缩
写入$STORAGE_ROOT/objects/<hash>.X.<hash of shard X>

图 7-1　在临时对象转正时进行数据压缩

同样，在读取对象分片时，数据服务节点需要在读取$STORAGE_ROOT/objects/<hash>.X.<hash of shard X>文件的内容后先进行 gzip 解压，然后才作为 HTTP 响应的正文输出，见图 7-2。

GET /object/<hash> .X HTTP/1.1

读取STORAGE_ROOT/objects/<hash>.X.<hash of shard X>
gzip解压
写入HTTP响应正文

图 7-2　GET 对象时进行数据解压

7.1.2　下载时的数据压缩

客户端在下载对象时可以设置 Accept-Encoding 头部为 gzip。接口服务在检查到这个头部后会将对象数据流经过 gzip 压缩后写入 HTTP 响应的正文，见图 7-3。

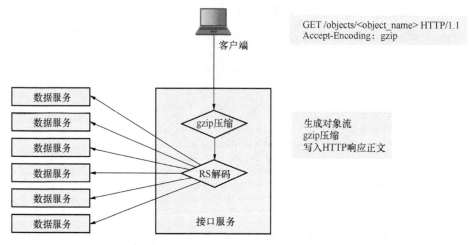

图 7-3　对象下载时进行数据压缩

7.1.3　接口服务的 REST 接口

```
GET /objects/<object_name>
```

请求头部

- Accept-Encoding: gzip

响应头部

- Content-Encoding: gzip

响应正文

- gzip 压缩后的对象内容

『 7.2　Go 语言实现 』

7.2.1　接口服务

接口服务只有 objects.get 函数发生了改变，见例 7-1。

例 7-1 接口服务 objects.get 函数

```go
func get(w http.ResponseWriter, r *http.Request) {
        name := strings.Split(r.URL.EscapedPath(), "/")[2]
        versionId := r.URL.Query()["version"]
        version := 0
        var e error
        if len(versionId) != 0 {
                version, e = strconv.Atoi(versionId[0])
                if e != nil {
                        log.Println(e)
                        w.WriteHeader(http.StatusBadRequest)
                        return
                }
        }
        meta, e := es.GetMetadata(name, version)
        if e != nil {
                log.Println(e)
                w.WriteHeader(http.StatusInternalServerError)
                return
        }
        if meta.Hash == "" {
                w.WriteHeader(http.StatusNotFound)
                return
        }
        hash := url.PathEscape(meta.Hash)
        stream, e := GetStream(hash, meta.Size)
        if e != nil {
                log.Println(e)
                w.WriteHeader(http.StatusNotFound)
                return
        }
        offset := utils.GetOffsetFromHeader(r.Header)
        if offset != 0 {
```

```
                    stream.Seek(offset, io.SeekCurrent)
                    w.Header().Set("content-range", fmt.Sprintf("bytes
%d-%d/%d", offset, meta.Size-1, meta.Size))
                    w.WriteHeader(http.StatusPartialContent)
        }
        acceptGzip := false
        encoding := r.Header["Accept-Encoding"]
        for i := range encoding {
                if encoding[i] == "gzip" {
                        acceptGzip = true
                        break
                }
        }
        if acceptGzip {
                w.Header().Set("content-encoding", "gzip")
                w2 := gzip.NewWriter(w)
                io.Copy(w2, stream)
                w2.Close()
        } else {
                io.Copy(w, stream)
        }
        stream.Close()
}
```

相比第 6 章中介绍的，get 函数多了一个对 Accept-Encoding 请求头部的检查，如果该头部中含有 gzip，则说明客户端可以接受 gzip 压缩数据，我们会设置 Content-Encoding 响应头部为 gzip，同时以 w 为参数调用 gzip.NewWriter 创建一个指向 gzip.Writer 结构体的指针 w2。我们将对象数据流 stream 的内容用 io.Copy 写入 w2，数据就会自动被压缩，然后写入 w。

7.2.2　数据服务

数据服务有两个地方发生了改动，首先是用于将临时对象转正的 commitTempObject

函数，见例 7-2。

例 7-2 数据服务 temp.commitTempObject 函数

```
func commitTempObject(datFile string, tempinfo *tempInfo) {
        f, _ := os.Open(datFile)
        defer f.Close()
        d := url.PathEscape(utils.CalculateHash(f))
        f.Seek(0, io.SeekStart)
        w, _ := os.Create(os.Getenv("STORAGE_ROOT") + "/objects/" +
tempinfo.Name + "." + d)
        w2 := gzip.NewWriter(w)
        io.Copy(w2, f)
        w2.Close()
        os.Remove(datFile)
        locate.Add(tempinfo.hash(), tempinfo.id())
}
```

在本章之前的实现代码中，commitTempObject 使用 os.Rename 将临时对象文件重命名为正式对象文件。本章的实现首先用 os.Create 创建正式对象文件 w，然后以 w 为参数调用 gzip.NewWriter 创建 w2，然后将临时对象文件 f 中的数据复制进 w2，最后删除临时对象文件并添加对象定位缓存。

用于读取对象的 objects.sendFile 函数改变见例 7-3。

例 7-3 数据服务 objects.sendFile 函数

```
func sendFile(w io.Writer, file string) {
        f, e := os.Open(file)
        if e != nil {
                log.Println(e)
                return
        }
        defer f.Close()
        gzipStream, e := gzip.NewReader(f)
        if e != nil {
```

```
            log.Println(e)
            return
        }
        io.Copy(w, gzipStream)
        gzipStream.Close()
}
```

本章不再直接用 io.Copy 读取对象文件，而是先在对象文件上用 gzip.NewReader 创建一个指向 gzip.Reader 结构体的指针 gzipStream，然后读取 gzipStream 中的数据。通过这种方式，对象文件 f 中的数据会先被 gzip 解压，然后才被读取出来。

『 7.3 功能测试 』

为了体现应用 gzip 压缩后存储和传输的数据量变化，我们生成一个 100MB 的测试文件，并且其中的数据都填为 0。

```
$ dd if=/dev/zero of=/tmp/file bs=1M count=100
100+0 records in
100+0 records out
104857600 bytes (105 MB) copied, 0.122923 s, 853 MB/s

$ openssl dgst -sha256 -binary /tmp/file | base64
IEkqTQ2E+L6xdn9mFiKfhdRMKCe2S9v7Jg7hL6EQng4=
```

我们将这个文件上传为 test7 对象。

```
$ curl -v 10.29.2.1:12345/objects/test7 -XPUT --data-binary @/tmp/file
-H "Digest: SHA-256=IEkqTQ2E+L6xdn9mFiKfhdRMKCe2S9v7Jg7hL6EQng4="
* Hostname was NOT found in DNS cache
*   Trying 10.29.2.1...
* Connected to 10.29.2.1 (10.29.2.1) port 12345 (#0)
> PUT /objects/test7 HTTP/1.1
```

```
> User-Agent: curl/7.38.0

> Host: 10.29.2.1:12345

> Accept: */*

> Digest: SHA-256=IEkqTQ2E+L6xdn9mFiKfhdRMKCe2S9v7Jg7hL6EQng4=

> Content-Length: 104857600

> Content-Type: application/x-www-form-urlencoded

> Expect: 100-continue

>

* Done waiting for 100-continue

< HTTP/1.1 100 Continue

< HTTP/1.1 200 OK

< Date: Thu, 17 Aug 2017 15:17:26 GMT

< Content-Length: 0

< Content-Type: text/plain; charset=utf-8

<

* Connection #0 to host 10.29.2.1 left intact
```

用 ls 命令查看分片对象的大小。

```
$ ls -ltr /tmp/?/objects/IE*
-rw-rw-r-- 1 stuart stuart 25514 Aug 17 23:18 /tmp/5/objects/IEkqTQ2E+
L6xdn
9mFiKfhdRMKCe2S9v7Jg7hL6EQng4=.0.OUw0XwsMY+5lJiemLu0GkkTTXE1RNOTwfU6rt
Rr9pH4=
   -rw-rw-r-- 1 stuart stuart 25514 Aug 17 23:18 /tmp/4/objects/IEkqTQ2E+
L6xdn9m
FiKfhdRMKCe2S9v7Jg7hL6EQng4=.1.OUw0XwsMY+5lJiemLu0GkkTTXE1RNOTwfU6rtRr
9pH4=
   -rw-rw-r-- 1 stuart stuart 25514 Aug 17 23:18 /tmp/2/objects/IEkqTQ2E+
L6xdn9m
FiKfhdRMKCe2S9v7Jg7hL6EQng4=.2.OUw0XwsMY+5lJiemLu0GkkTTXE1RNOTwfU6rtRr
9pH4=
   -rw-rw-r-- 1 stuart stuart 25514 Aug 17 23:18 /tmp/1/objects/IEkqTQ2E+
L6xdn9m
FiKfhdRMKCe2S9v7Jg7hL6EQng4=.3.OUw0XwsMY+5lJiemLu0GkkTTXE1RNOTwfU6rtRr
```

```
9pH4=
    -rw-rw-r-- 1 stuart stuart 25514 Aug 17 23:18 /tmp/6/objects/IEkqTQ2E+
L6xdn9m
FiKfhdRMKCe2S9v7Jg7hL6EQng4=.4.OUw0XwsMY+5lJiemLu0GkkTTXE1RNOTwfU6rtRr
9pH4=
    -rw-rw-r-- 1 stuart stuart 25514 Aug 17 23:18 /tmp/3/objects/IEkqTQ2E+
L6xdn9m
FiKfhdRMKCe2S9v7Jg7hL6EQng4=.5.OUw0XwsMY+5lJiemLu0GkkTTXE1RNOTwfU6rtRr
9pH4=
```

如果不使用数据压缩，一个 100MB 的对象，经过 4+2 RS 编码后每个分片是 25MB，但是经过 gzip 压缩后，我们可以看到实际的分片大小只有 25KB。

接下来我们下载 test7 对象并对比数据。

```
$ curl -v 10.29.2.1:12345/objects/test7 -o /tmp/output
* Hostname was NOT found in DNS cache
*   Trying 10.29.2.1...
  % Total    % Received % Xferd  Average Speed   Time    Time     Time  Current
                                 Dload  Upload   Total   Spent    Left  Speed
  0     0    0     0    0     0      0      0--:--:-- --:--:-- --:--:--0*
Connected to 10.29.2.1 (10.29.2.1) port 12345 (#0)
> GET /objects/test7 HTTP/1.1
> User-Agent: curl/7.38.0
> Host: 10.29.2.1:12345
> Accept: */*
>
  0     0    0     0    0     0      0      0--:--:--  0:00:01 --:--:--0<
HTTP/1.1 200 OK
< Date: Thu, 17 Aug 2017 15:23:12 GMT
< Content-Type: application/octet-stream
< Transfer-Encoding: chunked
<
{ [data not shown]
```

```
100  100M   0  100M  0  0  59.2M   0 --:--:--  0:00:01 --:--:-- 59.2M
* Connection #0 to host 10.29.2.1 left intact


$ diff -s /tmp/output /tmp/file
Files /tmp/output and /tmp/file are identical
```

我们可以看到下载的数据有 100MB。

现在让我们以 gzip 压缩的方式下载数据。

```
$ curl -v 10.29.2.1:12345/objects/test7 -H "Accept-Encoding: gzip" -o
/tmp/output2.gz
  * Hostname was NOT found in DNS cache
  *   Trying 10.29.2.1...
  % Total    % Received % Xferd  Average Speed  Time   Time    Time  Current
                                 Dload  Upload  Total  Spent   Left  Speed
  0     0    0     0     0     0     0      0 --:--:-- --:--:-- --:--:-- 0*
Connected to 10.29.2.1 (10.29.2.1) port 12345 (#0)
  > GET /objects/test7 HTTP/1.1
  > User-Agent: curl/7.38.0
  > Host: 10.29.2.1:12345
  > Accept: */*
  > Accept-Encoding: gzip
  >
  0     0    0     0     0     0     0      0 --:--:-- 0:00:01 --:--:--0<
HTTP/1.1 200 OK
  < Content-Encoding: gzip
  < Date: Thu, 17 Aug 2017 15:25:26 GMT
  < Content-Type: application/x-gzip
  < Transfer-Encoding: chunked
  <
  { [data not shown]
100   99k   0   99k   0    0   39228     0 --:--:-- 0:00:02 --:--:-- 39238
  * Connection #0 to host 10.29.2.1 left intact
```

以压缩的方式下载的数据只有 99KB，格式则是 gzip。我们解压并对比数据。

```
$ gunzip /tmp/output2.gz

$ diff -s /tmp/output2 /tmp/file
Files /tmp/output2 and /tmp/file are identical
```

7.4 小结

数据的压缩应该尽可能在客户端实现。只有在客户端不受我们控制且大多数对象的数据类型适合压缩的情况下，才建议在服务端实现数据压缩。随机数据不适合压缩，而文本数据则比较适合，用 gzip 压缩比大约能有 2:1（我们在功能测试中达到夸张的 1000:1 压缩比是因为特意选择了内容全 0 的文件）。

本书使用的数据压缩算法是 gzip，对压缩的速度和压缩比有需求的读者可自行选择合适的算法。

数据压缩可以用于节省存储空间。数据服务节点本地磁盘上的对象文件存储的是压缩后的数据。数据在临时对象转正时压缩，并在对象读取时解压。

数据压缩还可以用于节省网络带宽。客户端可以在 GET 对象时设置 Accept-Encoding 请求头部告诉接口服务将对象的数据进行压缩。如果接口服务收到这样的请求，则需要设置 Content-Encoding 响应头部。

在下一章，我们将介绍对象存储服务常用的数据维护工作。

分布式对象存储

第 8 章

■■ 第 8 章 ■■

数据维护

对象存储系统的长期运行离不开对系统的维护，系统维护包括 3 个方面：硬件、软件和数据维护。硬件维护包括现有硬件的维修、更换和升级以及新硬件的添加等；软件维护包括错误原因的调查和修复，软件的升级、回滚和全新的安装部署等；数据维护则包括数据的修复、过期数据的删除等。

硬件和软件方面的维护通常有一整套处理流程，手动或自动分批执行，确保整个系统在部分维护的情况下的可用性。本书对此不作深入探讨，有兴趣的读者可自行查阅系统运维以及 devops 方面的资料。

数据维护则主要通过软件执行预先设定的维护工作。本章将要介绍的就是一个对象存储系统通常都会需要哪些数据维护工作。

『 8.1 对象存储系统的数据维护工作 』

8.1.1 对象版本留存

首先，我们的存储空间不可能无限制增长，而用户的对象却是每天都会有新版本添加进来。这些数据很快就会变得过时，被更新的对象所替代。而用户通常也不需要长期保留所有的版本。所以我们需要提供一种留存策略，在保留用户更关注的版本的情况下清理一些不必要的版本。

版本留存策略就是一套决定哪些版本需要被保留的决策依据。数量限定策略会保留每个对象最后的若干个版本而将其余的删除；时间限定策略会将版本保留一段固定的时间，比如 3 个月或半年等，超过这个阈值的版本将被删除；除了数量限定和时间限定这两类策略以外，当然还有很多更复杂更精妙的策略，本书就不一一介绍了。

云存储服务的提供者通常会提供多个价位的版本留存策略给用户选择，用户需要保留的版本越多，收费自然就越昂贵。后台的维护软件执行用户选择的版本留存策略，将不符合留存条件的版本删除。作为一个示范，本书将要实现的是最简单粗暴的数量限定策略，对于每个对象仅保留最后 5 个版本。有需要的读者可自行设计并实现更适合的版本留存策略。

维护软件除了需要在元数据服务中删除对象旧版本的元数据以外，对于那些已经没有任何元数据引用的对象数据也需要进行清除。但是需要注意，这里存在一个可能会产生竞争条件的步骤序列。

1. 维护软件检查某个对象散列值，没有任何元数据引用它。

2. 有用户需要上传一个相同散列值的对象，由于 SIS 检查该散列值存在，跳过了上传步骤。

3. 维护软件删除了该对象散列值。

4. 用户添加了新的版本引用了这个散列值。

这样的步骤序列一旦发生，意味着用户的对象数据就丢失了。为了避免这种情况，我们在删除对象散列值时并没有彻底删除文件，只是将对象文件移动到另外一个 garbage 目录。隔了一段时间（比如一周或一个月）以后，再去真正删除。

8.1.2 数据定期检查和修复

我们在第 5 章讨论过数据的即时修复。当时我们指出："数据的修复不能只依靠即时修复技术来进行，因为有些对象可能长期没有发生 GET 操作而始终得不到修复，最终由于损坏的数据片过多而无法修复。"在本章我们会实现一种后台修复工具，能持续检查对象存储系统上所有对象并进行修复。

8.1.3　数据服务的 REST 接口

```
DELETE /objects/<hash>
```

删除对象散列值需要数据服务提供对象的 DELETE 操作，该接口不仅将对象文件移动至垃圾目录，且从数据服务的定位对象缓存中删除散列值。

8.2　Go 语言实现

8.2.1　删除过期元数据

我们用于删除过期元数据的工具叫作 deleteOldMetadata，相关函数见例 8-1。

例 8-1　deleteOldMetadata 相关函数

```go
const MIN_VERSION_COUNT = 5

func main() {
        buckets, e := es.SearchVersionStatus(MIN_VERSION_COUNT + 1)
        if e != nil {
                log.Println(e)
                return
        }
        for i := range buckets {
                bucket := buckets[i]
                for v := 0; v < bucket.Doc_count-MIN_VERSION_COUNT; v++ {
                        es.DelMetadata(bucket.Key, v+int(bucket.Min_
version.Value))
                }
```

```go
                }
        }

type Bucket struct {
        Key string
        Doc_count int
        Min_version struct {
                Value float32
        }
}

type aggregateResult struct {
        Aggregations struct {
                Group_by_name struct {
                        Buckets []Bucket
                }
        }
}

func SearchVersionStatus(min_doc_count int) ([]Bucket, error) {
        client := http.Client{}
        url := fmt.Sprintf("http://%s/metadata/_search", os.Getenv("ES_
SERVER"))
        body := fmt.Sprintf(`
{
 "size": 0,
 "aggs": {
   "group_by_name": {
     "terms": {
       "field": "name",
       "min_doc_count": %d
     },
     "aggs": {
       "min_version": {
```

```
                    "min": {
                        "field": "version"
                    }
                }
            }
        }
    }
}`, min_doc_count)
    request, _ := http.NewRequest("GET", url, strings.NewReader
(body))
    r, e := client.Do(request)
    if e != nil {
        return nil, e
    }
    b, _ := ioutil.ReadAll(r.Body)
    var ar aggregateResult
    json.Unmarshal(b, &ar)
    return ar.Aggregations.Group_by_name.Buckets, nil
}


func DelMetadata(name string, version int) {
    client := http.Client{}
    url := fmt.Sprintf("http://%s/metadata/objects/%s_%d",
            os.Getenv("ES_SERVER"), name, version)
    request, _ := http.NewRequest("DELETE", url, nil)
    client.Do(request)
}
```

deleteOldMetadata 的 main 函数很简单，调用 es.SearchVersionStatus 将元数据服务中所有版本数量大于等于 6 的对象都搜索出来保存在 Bucket 结构体的数组 buckets 里。Bucket 结构体的属性包括：字符串 Key，表示对象的名字；整型 Doc_count，表示该对象目前有多少个版本；Min_version 结构体，内含 32 位浮点数 Value，表示对象当前最小的版本号。

main 函数遍历 buckets，并在一个 for 循环中调用 es.DelMetadata，从该对象当前最小的版本号开始一一删除，直到最后还剩 5 个。

es 包的 SearchVersionStatus 函数的输入参数 min_doc_count 用于指示需要搜索对象的最小的版本数量。它使用 ElasticSearch 的 aggregations search API 搜索元数据，以对象的名字分组，搜索版本数量大于等于 min_doc_count 的对象并返回。本书不对 ES 的各种 API 进行深入讲解，有兴趣的读者可以自行查阅 ES 在线文档。

es 包的 DelMetadata 函数根据对象的名字 name 和版本号 version 删除相应的对象元数据。

8.2.2　删除没有元数据引用的对象数据

我们用于删除对象数据的工具叫作 deleteOrphanObject，相关函数见例 8-2。

例 8-2　deleteOrphanObject 相关函数

```
func main() {
        files, _ := filepath.Glob(os.Getenv("STORAGE_ROOT") + "/objects/*")

        for i := range files {
                hash := strings.Split(filepath.Base(files[i]), ".")[0]
                hashInMetadata, e := es.HasHash(hash)
                if e != nil {
                        log.Println(e)
                        return
                }
                if !hashInMetadata {
                        del(hash)
                }
        }
}


func del(hash string) {
```

```
        log.Println("delete", hash)
        url := "http://" + os.Getenv("LISTEN_ADDRESS") + "/objects/" + hash
        request, _ := http.NewRequest("DELETE", url, nil)
        client := http.Client{}
        client.Do(request)
}


func HasHash(hash string) (bool, error) {
        url := fmt.Sprintf("http://%s/metadata/_search?q=hash:%s&size=0",
os.Getenv ("ES_SERVER"), hash)
        r, e := http.Get(url)
        if e != nil {
                return false, e
        }
        b, _ := ioutil.ReadAll(r.Body)
        var sr searchResult
        json.Unmarshal(b, &sr)
        return sr.Hits.Total != 0, nil
}
```

deleteOrphanObject 程序需要在每一个数据服务节点上定期运行，它调用 filepath.Glob 获取$STORAGE_ROOT/objects/目录下所有文件，并在 for 循环中遍历访问这些文件，从文件名中获得对象的散列值，并调用 es.HasHash 检查元数据服务中是否存在该散列值。如果不存在，则调用 del 删除散列值。

del 函数访问数据服务的 DELETE 对象接口进行散列值的删除。

es 包的 HasHash 函数通过 ES 的 search API 搜索所有对象元数据中 hash 属性等于散列值的文档，如果满足条件的文档数量不为 0，说明还存在对该散列值的引用，函数返回 true，否则返回 false。

为了支持对象的删除操作，数据服务的 objects 包变化见例 8-3。

例 8-3　数据服务 DELETE 对象相关函数

```go
func Handler(w http.ResponseWriter, r *http.Request) {
        m := r.Method
        if m == http.MethodGet {
                get(w, r)
                return
        }
        if m == http.MethodDelete {
                del(w, r)
                return
        }
        w.WriteHeader(http.StatusMethodNotAllowed)
}

func del(w http.ResponseWriter, r *http.Request) {
        hash := strings.Split(r.URL.EscapedPath(), "/")[2]
        files, _ := filepath.Glob(os.Getenv("STORAGE_ROOT") + "/objects/" +
hash + ".*")
        if len(files) != 1 {
                return
        }
        locate.Del(hash)
        os.Rename(files[0],  os.Getenv("STORAGE_ROOT")+"/garbage/"+
filepath.Base (files[0]))
}
```

在 Handler 函数中，如果访问方式是 DELETE，那么调用 del 函数。

del 函数根据对象散列值搜索对象文件，调用 locate.Del 将该散列值移出对象定位缓存，并调用 os.Rename 将对象文件移动到$STORAGE_ROOT/garbage/目录下。

$STORAGE_ROOT/garbage/目录下的文件需要定期检查，在超过一定时间后可以彻底删除，在彻底删除前还要再次确认元数据服务中不存在相关散列值，如果真的发生竞争，散列值存在，我们还需要将该对象重新上传一次。本书没有实现能够二次检查并重新上传的工具软件，留给有兴趣的读者自行实现。

8.2.3　对象数据的检查和修复

我们用于检查和修复对象数据的工具叫作 objectScanner，相关函数见例 8-4。

例 8-4　objectScanner 相关函数

```
func main() {
        files, _ := filepath.Glob(os.Getenv("STORAGE_ROOT") + "/objects/*")

        for i := range files {
                hash := strings.Split(filepath.Base(files[i]), ".")[0]
                verify(hash)
        }
}


func verify(hash string) {
        log.Println("verify", hash)
        size, e := es.SearchHashSize(hash)
        if e != nil {
                log.Println(e)
                return
        }
        stream, e := objects.GetStream(hash, size)
        if e != nil {
                log.Println(e)
                return
        }
        d := utils.CalculateHash(stream)
        if d != hash {
                log.Printf("object hash mismatch, calculated=%s,
requested=%s", d, hash)
        }
```

```
                stream.Close()
        }


func SearchHashSize(hash string) (size int64, e error) {
        url := fmt.Sprintf("http://%s/metadata/_search?q=hash: %s&size=1",
os.Getenv("ES_SERVER"), hash)
        r, e := http.Get(url)
        if e != nil {
                return
        }
        if r.StatusCode != http.StatusOK {
                e = fmt.Errorf("fail to search hash size: %d", r.StatusCode)
                return
        }
        result, _ := ioutil.ReadAll(r.Body)
        var sr searchResult
        json.Unmarshal(result, &sr)
        if len(sr.Hits.Hits) != 0 {
                size = sr.Hits.Hits[0].Source.Size
        }
        return
}
```

objectScanner 也需要在数据服务节点上定期运行，它调用 filepath.Glob 获取 $STORAGE_ROOT/objects/目录下所有文件，并在 for 循环中遍历访问这些文件，从文件名中获得对象的散列值，并调用 verify 检查数据。

verify 函数调用 es.SearchHashSize 从元数据服务中获取该散列值对应的对象大小，然后以对象的散列值和大小为参数调用 objects.GetStream 创建一个对象数据流，并调用 utils.Calculate Hash 计算对象的散列值，检查是否一致。如果不一致，需要以 log 的形式报告错误。最后调用 stream.Close 关闭数据对象流。

es 包的 SearchHashSize 函数的输入参数是对象的散列值 hash，它通过 ES 的

search API 查询元数据属性中 hash 等于该散列值的文档的 size 属性，并返回这个 size 的值。

我们在第 5 章中已经介绍过 objects.GetStream，它会创建一个指向 rs.RSGetStream 结构体的指针。通过读取 rs.RSGetStream 并在最后关闭它，底层的实现会自动完成数据的修复。如果数据已经损坏得不可修复，那么在计算散列值的时候就不可能匹配，我们可以根据 log 打印的报告发现。

8.3　功能测试

在开始测试之前，记得先创建相应的$STORAGE_ROOT/garbage/目录并设置环境变量。

```
$ for i in `seq 1 6`; do mkdir -p /tmp/$i/garbage; done

$ export RABBITMQ_SERVER=amqp://test:test@10.29.102.173:5672

$ export ES_SERVER=10.29.102.173:9200
```

本书使用的版本数量限定留存策略保留每个对象最后 5 个版本，所以让我们先给 test8 对象上传 6 个版本。

```
$ echo -n "this is object test8 version 1" | openssl dgst -sha256 -binary
| base642IJQkIth94IVsnPQMrsNxz1oqfrsPo0E2ZmZfJLDZnE=

$ curl 10.29.2.1:12345/objects/test8 -XPUT -d"this is object test8 version
1" -H "Digest: SHA-256=2IJQkIth94IVsnPQMrsNxz1oqfrsPo0E2ZmZfJLDZnE="

$ echo -n "this is object test8 version 2-6" | openssl dgst -sha256 -binary
| base6466WuRH0s0albWDZ9nTmjFo9JIqTTXmB6EiRkhTh1zeA=
```

```
$ curl 10.29.2.1:12345/objects/test8 -XPUT -d"this is object test8 version
2-6" -H "Digest: SHA-256=66WuRH0s0albWDZ9nTmjFo9JIqTTXmB6EiRkhTh1zeA="
```

```
$ curl 10.29.2.1:12345/objects/test8 -XPUT -d"this is object test8 version
2-6" -H "Digest: SHA-256=66WuRH0s0albWDZ9nTmjFo9JIqTTXmB6EiRkhTh1zeA="
```

```
$ curl 10.29.2.1:12345/objects/test8 -XPUT -d"this is object test8 version
2-6" -H "Digest: SHA-256=66WuRH0s0albWDZ9nTmjFo9JIqTTXmB6EiRkhTh1zeA="
```

```
$ curl 10.29.2.1:12345/objects/test8 -XPUT -d"this is object test8 version
2-6" -H "Digest: SHA-256=66WuRH0s0albWDZ9nTmjFo9JIqTTXmB6EiRkhTh1zeA="
```

```
$ curl 10.29.2.1:12345/objects/test8 -XPUT -d"this is object test8 version
2-6" -H "Digest: SHA-256=66WuRH0s0albWDZ9nTmjFo9JIqTTXmB6EiRkhTh1zeA="
```

用 versions 接口检查 test8 当前的版本，共有 6 个。

```
$ curl 10.29.2.1:12345/versions/test8
{"Name":"test8","Version":1,"Size":30,"Hash":"2IJQkIth94IVsnPQMrsNx
z1oqfrsPo0E2ZmZfJLDZnE="}
{"Name":"test8","Version":2,"Size":32,"Hash":"66WuRH0s0albWDZ9nTmjF
o9JIqTTXmB6EiRkhTh1zeA="}
{"Name":"test8","Version":3,"Size":32,"Hash":"66WuRH0s0albWDZ9nTmjF
o9JIqTTXmB6EiRkhTh1zeA="}
{"Name":"test8","Version":4,"Size":32,"Hash":"66WuRH0s0albWDZ9nTmjF
o9JIqTTXmB6EiRkhTh1zeA="}
{"Name":"test8","Version":5,"Size":32,"Hash":"66WuRH0s0albWDZ9nTmjF
o9JIqTTXmB6EiRkhTh1zeA="}
{"Name":"test8","Version":6,"Size":32,"Hash":"66WuRH0s0albWDZ9nTmjF
o9JIqTTXmB6EiRkhTh1zeA="}
```

用 ls 命令查看磁盘上的对象文件。

```
$ ls -l /tmp/?/objects
/tmp/1/objects:
```

```
total 8
-rw-rw-r-- 1 stuart stuart 32 Aug 18 22:53 2IJQkIth94IVsnPQMrsNxz1oqfrsPo0E2
ZmZfJLDZnE=.4.Bg1hMBtSp3uHCiIoNfPdU+UcCtWIe3j8ZdSdM0DUMQ0=
-rw-rw-r-- 1 stuart stuart 32 Aug 18 22:53 66WuRH0s0albWDZ9nTmjFo9JIqTTXmB6
EiRkhTh1zeA=.3.k7Z7BMDLAqtsm+AnQLO0dwSdXat1CnaUgRyE0f9ZgZ0=


/tmp/2/objects:
total 8
-rw-rw-r-- 1 stuart stuart 32 Aug 18 22:53 2IJQkIth94IVsnPQMrsNxz1oqfrsPo0E2
ZmZfJLDZnE=.0.xPZ9Cf8mShrJsL32FnbSVcayc9W5Y05clRo3GOkLyG0=
-rw-rw-r-- 1 stuart stuart 32 Aug 18 22:53 66WuRH0s0albWDZ9nTmjFo9JIqTTXmB6
EiRkhTh1zeA=.1.2eKLvcHfGvzIi+X5HFzgiCJyqjXV9%2F2U08FC6Srcslg=


/tmp/3/objects:
total 8
-rw-rw-r-- 1 stuart stuart 32 Aug 18 22:53 2IJQkIth94IVsnPQMrsNxz1oqfrsPo0E2
ZmZfJLDZnE=.3.qBIQp3Kid8QEkuMld0xIc1494hqIkPLdKzEGl4MBchk=
-rw-rw-r-- 1 stuart stuart 32 Aug 18 22:53 66WuRH0s0albWDZ9nTmjFo9JIqTTXmB6
EiRkhTh1zeA=.0.xPZ9Cf8mShrJsL32FnbSVcayc9W5Y05clRo3GOkLyG0=


/tmp/4/objects:
total 8
-rw-rw-r-- 1 stuart stuart 32 Aug 18 22:53 2IJQkIth94IVsnPQMrsNxz1oqfrsPo0E2
ZmZfJLDZnE=.5.ftcCG2hNzSmXh+RRIUPQXg58Kr8zEl9mzZZ6gmrSfH8=
-rw-rw-r-- 1 stuart stuart 32 Aug 18 22:53 66WuRH0s0albWDZ9nTmjFo9JIqTTXmB6
EiRkhTh1zeA=.2.WGDnaf+GobSSS3wODa8r0IAgqC1ngM3KTGOklo12P%2Fw=


/tmp/5/objects:
total 8
-rw-rw-r-- 1 stuart stuart 32 Aug 18 22:53 2IJQkIth94IVsnPQMrsNxz1oqfrsPo0E2
ZmZfJLDZnE=.2.WGDnaf+GobSSS3wODa8r0IAgqC1ngM3KTGOklo12P%2Fw=
-rw-rw-r-- 1 stuart stuart 32 Aug 18 22:53 66WuRH0s0albWDZ9nTmjFo9JIqTTXmB6
EiRkhTh1zeA=.5.ih70CdjuiOerAQJiRj5Nnha6at+Rz9A6GKemrqmIDD4=
```

```
/tmp/6/objects:
total 8
-rw-rw-r-- 1 stuart stuart 32 Aug 18 22:53 2IJQkIth94IVsnPQMrsNxz1oqfrsPo0E2
ZmZfJLDZnE=.1.2eKLvcHfGvzIi+X5HFzgiCJyqjXV9%2F2U08FC6Srcslg=
-rw-rw-r-- 1 stuart stuart 32 Aug 18 22:53 66WuRH0s0albWDZ9nTmjFo9JIqTTXmB6
EiRkhTh1zeA=.4.lAxEeRg2CNM7HWbwEUxkrorkqPO9pGI4syLdnOJ6lMI=
```

现在，让我们运行 deleteOldMetadata 工具。

```
$ go run ../deleteOldMetadata/deleteOldMetadata.go
```

再次用 versions 接口检查 test8 当前的版本。

```
$ curl 10.29.2.1:12345/versions/test8
{"Name":"test8","Version":2,"Size":32,"Hash":"66WuRH0s0albWDZ9nTmjF
o9JIqTTXmB6EiRkhTh1zeA="}
{"Name":"test8","Version":3,"Size":32,"Hash":"66WuRH0s0albWDZ9nTmjF
o9JIqTTXmB6EiRkhTh1zeA="}
{"Name":"test8","Version":4,"Size":32,"Hash":"66WuRH0s0albWDZ9nTmjF
o9JIqTTXmB6EiRkhTh1zeA="}
{"Name":"test8","Version":5,"Size":32,"Hash":"66WuRH0s0albWDZ9nTmjF
o9JIqTTXmB6EiRkhTh1zeA="}
{"Name":"test8","Version":6,"Size":32,"Hash":"66WuRH0s0albWDZ9nTmjF
o9JIqTTXmB6EiRkhTh1zeA="}
```

我们可以看到 version 1 已经被删除了，接下来让我们分别在 6 个数据服务节点上运行 deleteOrphanObject 工具。

```
$ STORAGE_ROOT=/tmp/1 LISTEN_ADDRESS=10.29.1.1:12345 go run ../
deleteOrphanObject/ deleteOrphanObject.go
2017/08/18 23:04:06 delete 2IJQkIth94IVsnPQMrsNxz1oqfrsPo0E2ZmZfJLDZnE=

$ STORAGE_ROOT=/tmp/2 LISTEN_ADDRESS=10.29.1.2:12345 go run ../
deleteOrphanObject/ deleteOrphanObject.go
```

```
2017/08/18 23:06:35 delete 2IJQkIth94IVsnPQMrsNxz1oqfrsPo0E2ZmZfJLDZnE=

$  STORAGE_ROOT=/tmp/3  LISTEN_ADDRESS=10.29.1.3:12345  go  run  ../
deleteOrphanObject/ deleteOrphanObject.go
2017/08/18 23:06:47 delete 2IJQkIth94IVsnPQMrsNxz1oqfrsPo0E2ZmZfJLDZnE=

$  STORAGE_ROOT=/tmp/4  LISTEN_ADDRESS=10.29.1.4:12345  go  run  ../
deleteOrphanObject/ deleteOrphanObject.go
2017/08/18 23:06:56 delete 2IJQkIth94IVsnPQMrsNxz1oqfrsPo0E2ZmZfJLDZnE=

$  STORAGE_ROOT=/tmp/5  LISTEN_ADDRESS=10.29.1.5:12345  go  run  ../
deleteOrphanObject/ deleteOrphanObject.go
2017/08/18 23:07:08 delete 2IJQkIth94IVsnPQMrsNxz1oqfrsPo0E2ZmZfJLDZnE=

$  STORAGE_ROOT=/tmp/6  LISTEN_ADDRESS=10.29.1.6:12345  go  run  ../
deleteOrphanObject/ deleteOrphanObject.go
2017/08/18 23:07:18 delete 2IJQkIth94IVsnPQMrsNxz1oqfrsPo0E2ZmZfJLDZnE=
```

由于已经没有任何元数据引用 2IJQkIth94IVsnPQMrsNxz1oqfrsPo0E2ZmZfJLDZnE= 这个散列值，所有的数据节点都会将其删除。我们可以用 ls 命令查看目录的变化。

```
$ ls -l /tmp/?/objects
/tmp/1/objects:
total 4
-rw-rw-r-- 1 stuart stuart 32 Aug 18 22:53 66WuRH0s0albWDZ9nTmjFo9JIqTTXmB6
EiRkhTh1zeA=.3.k7Z7BMDLAqtsm+AnQLO0dwSdXat1CnaUgRyE0f9ZgZ0=

/tmp/2/objects:
total 4
-rw-rw-r-- 1 stuart stuart 32 Aug 18 22:53 66WuRH0s0albWDZ9nTmjFo9JIqTTXmB6
EiRkhTh1zeA=.1.2eKLvcHfGvzIi+X5HFzgiCJyqjXV9%2F2U08FC6Srcslg=

/tmp/3/objects:
total 4
```

```
-rw-rw-r-- 1 stuart stuart 32 Aug 18 22:53 66WuRH0s0albWDZ9nTmjFo9JIqTTXmB6
EiRkhTh1zeA=.0.xPZ9Cf8mShrJsL32FnbSVcayc9W5Y05clRo3GOkLyG0=

/tmp/4/objects:
total 4
-rw-rw-r-- 1 stuart stuart 32 Aug 18 22:53 66WuRH0s0albWDZ9nTmjFo9JIqTTXmB6
EiRkhTh1zeA=.2.WGDnaf+GobSSS3wODa8r0IAgqC1ngM3KTGOklo12P%2Fw=

/tmp/5/objects:
total 4
-rw-rw-r-- 1 stuart stuart 32 Aug 18 22:53 66WuRH0s0albWDZ9nTmjFo9JIqTTXmB6
EiRkhTh1zeA=.5.ih70CdjuiOerAQJiRj5Nnha6at+Rz9A6GKemrqmIDD4=

/tmp/6/objects:
total 4
-rw-rw-r-- 1 stuart stuart 32 Aug 18 22:53 66WuRH0s0albWDZ9nTmjFo9JIqTTXmB6
EiRkhTh1zeA=.4.lAxEeRg2CNM7HWbwEUxkrorkqPO9pGI4syLdnOJ6lMI=

$ ls -l /tmp/?/garbage
/tmp/1/garbage:
total 4
-rw-rw-r-- 1 stuart stuart 32 Aug 18 22:53 2IJQkIth94IVsnPQMrsNxz1oqfrsPo0E2
ZmZfJLDZnE=.4.Bg1hMBtSp3uHCiIoNfPdU+UcCtWIe3j8ZdSdM0DUMQ0=

/tmp/2/garbage:
total 4
-rw-rw-r-- 1 stuart stuart 32 Aug 18 22:53 2IJQkIth94IVsnPQMrsNxz1oqfrsPo0E2
ZmZfJLDZnE=.0.xPZ9Cf8mShrJsL32FnbSVcayc9W5Y05clRo3GOkLyG0=

/tmp/3/garbage:
total 4
-rw-rw-r-- 1 stuart stuart 32 Aug 18 22:53 2IJQkIth94IVsnPQMrsNxz1oqfrsPo0E2
ZmZfJLDZnE=.3.qBIQp3Kid8QEkuMld0xIc1494hqIkPLdKzEGl4MBchk=
```

```
/tmp/4/garbage:
total 4
-rw-rw-r-- 1 stuart stuart 32 Aug 18 22:53 2IJQkIth94IVsnPQMrsNxz1oqfrsPo0E2
ZmZfJLDZnE=.5.ftcCG2hNzSmXh+RRIUPQXg58Kr8zEl9mzZZ6gmrSfH8=

/tmp/5/garbage:
total 4
-rw-rw-r-- 1 stuart stuart 32 Aug 18 22:53 2IJQkIth94IVsnPQMrsNxz1oqfrsPo0E2
ZmZfJLDZnE=.2.WGDnaf+GobSSS3wODa8r0IAgqC1ngM3KTGOklo12P%2Fw=

/tmp/6/garbage:
total 4
-rw-rw-r-- 1 stuart stuart 32 Aug 18 22:53 2IJQkIth94IVsnPQMrsNxz1oqfrsPo0E2
ZmZfJLDZnE=.1.2eKLvcHfGvzIi+X5HFzgiCJyqjXV9%2F2U08FC6Srcslg=
```

所有的数据节点都将 2IJQkIth94IVsnPQMrsNxz1oqfrsPo0E2ZmZfJLDZnE=对象的文件移动到了$STORAGE_ROOT/garbage/目录。

接下来，让我们测试一下数据修复。

```
$ rm /tmp/1/objects/66WuRH0s0albWDZ9nTmjFo9JIqTTXmB6EiRkhTh1zeA=.*

$ echo some_garbage > /tmp/2/objects/66WuRH0s0albWDZ9nTmjFo9JIqTTXmB6
EiRkhTh1zeA=.*

$ ls -l /tmp/?/objects
/tmp/1/objects:
total 0

/tmp/2/objects:
total 4
-rw-rw-r-- 1 stuart stuart 13 Aug 18 23:11 66WuRH0s0albWDZ9nTmjFo9JIqTTXmB6
EiRkhTh1zeA=.1.2eKLvcHfGvzIi+X5HFzgiCJyqjXV9%2F2U08FC6Srcslg=
```

```
/tmp/3/objects:
total 4
-rw-rw-r-- 1 stuart stuart 32 Aug 18 22:53 66WuRH0s0albWDZ9nTmjFo9JIqTTXmB6
EiRkhTh1zeA=.0.xPZ9Cf8mShrJsL32FnbSVcayc9W5Y05clRo3GOkLyG0=

/tmp/4/objects:
total 4
-rw-rw-r-- 1 stuart stuart 32 Aug 18 22:53 66WuRH0s0albWDZ9nTmjFo9JIqTTXmB6
EiRkhTh1zeA=.2.WGDnaf+GobSSS3wODa8r0IAgqC1ngM3KTGOklo12P%2Fw=

/tmp/5/objects:
total 4
-rw-rw-r-- 1 stuart stuart 32 Aug 18 22:53 66WuRH0s0albWDZ9nTmjFo9JIqTTXmB6
EiRkhTh1zeA=.5.ih70CdjuiOerAQJiRj5Nnha6at+Rz9A6GKemrqmIDD4=

/tmp/6/objects:
total 4
-rw-rw-r-- 1 stuart stuart 32 Aug 18 22:53 66WuRH0s0albWDZ9nTmjFo9JIqTTXmB6
EiRkhTh1zeA=.4.lAxEeRg2CNM7HWbwEUxkrorkqPO9pGI4syLdnOJ6lMI=
```

我们删除了一个分片并破坏了一个分片，然后在一个数据节点上运行 objectScanner 工具。

```
$ STORAGE_ROOT=/tmp/2 go run ../objectScanner/objectScanner.go
2017/08/18 23:14:29 verify 66WuRH0s0albWDZ9nTmjFo9JIqTTXmB6EiRkhTh1zeA=
```

log 显示散列值校验通过。再次用 ls 命令查看。

```
$ ls -l /tmp/?/objects
/tmp/1/objects:
total 4
-rw-rw-r-- 1 stuart stuart 32 Aug 18 23:14 66WuRH0s0albWDZ9nTmjFo9JIqTTXmB6
EiRkhTh1zeA=.3.k7Z7BMDLAqtsm+AnQLO0dwSdXat1CnaUgRyE0f9ZgZ0=
```

```
/tmp/2/objects:
total 4
-rw-rw-r-- 1 stuart stuart 32 Aug 18 23:14 66WuRH0s0albWDZ9nTmjFo9JIqTTXmB6
EiRkhThlzeA=.1.2eKLvcHfGvzIi+X5HFzgiCJyqjXV9%2F2U08FC6Srcslg=


/tmp/3/objects:
total 4
-rw-rw-r-- 1 stuart stuart 32 Aug 18 22:53 66WuRH0s0albWDZ9nTmjFo9JIqTTXmB6
EiRkhThlzeA=.0.xPZ9Cf8mShrJsL32FnbSVcayc9W5Y05clRo3GOkLyG0=

/tmp/4/objects:
total 4
-rw-rw-r-- 1 stuart stuart 32 Aug 18 22:53 66WuRH0s0albWDZ9nTmjFo9JIqTTXmB6
EiRkhThlzeA=.2.WGDnaf+GobSSS3wODa8r0IAgqClngM3KTGOklo12P%2Fw=

/tmp/5/objects:
total 4
-rw-rw-r-- 1 stuart stuart 32 Aug 18 22:53 66WuRH0s0albWDZ9nTmjFo9JIqTTXmB6
EiRkhThlzeA=.5.ih70CdjuiOerAQJiRj5Nnha6at+Rz9A6GKemrqmIDD4=

/tmp/6/objects:
total 4
-rw-rw-r-- 1 stuart stuart 32 Aug 18 22:53 66WuRH0s0albWDZ9nTmjFo9JIqTTXmB6
EiRkhThlzeA=.4.lAxEeRg2CNM7HWbwEUxkrorkqPO9pGI4syLdnOJ6lMI=
```

分片都被正确恢复。

如果有超过 2 个分片被破坏，那么我们的对象将无法修复。

```
$ echo some_garbage > /tmp/1/objects/66WuRH0s0albWDZ9nTmjFo9JIqTTXmB
6EiRkhThlzeA=.*

$ echo some_garbage > /tmp/2/objects/66WuRH0s0albWDZ9nTmjFo9JIqTTXmB
6EiRkhThlzeA=.*

$ echo some_garbage > /tmp/3/objects/66WuRH0s0albWDZ9nTmjFo9JIqTTXmB
6EiRkhThlzeA=.*

$ STORAGE_ROOT=/tmp/2 go run ../objectScanner/objectScanner.go
2017/08/18  23:17:59  verify  66WuRH0s0albWDZ9nTmjFo9JIqTTXmB6EiRkh
ThlzeA=
2017/08/18 23:17:59 object hash mismatch, calculated=47DEQpj8HBSa+/
TImW+5Jceu  QeRkm5NMpJWZG3hSuFU=,  requested=66WuRH0s0albWDZ9nTmjFo9Jiq
TTXmB6EiRkhThlzeA=
```

此时，log 会打印出错误。

「 8.4　小结 」

数据维护包括过期数据的清理以及当期数据的检查和修复。

没有什么系统是只进不出的，对象存储也一样。随着时间的推移会有越来越多的对象进入我们的系统，而我们的存储又不可能无限制增长，所以我们需要采取一定的对象版本留存策略以清理过期的对象。

当期数据可能由于硬件损坏，软件错误或数据降解等原因而被破坏，所以需要定期地进行检查和修复。

本章实现的 3 个工具，分别用于清除过期对象的元数据、数据，以及当期对象数据的检查和修复等。一个成熟的对象存储系统在运行的过程中一定还会出现各种新的需求，需要新的工具来处理。只要掌握了原理，读者就可以自己去根据需要实现这些工具。